管理学文库

团队成员边界跨越行为前因及其效能机制

——基于平台管理视角的研究

凌楚定　谢小云　著

中国人民大学出版社
·北京·

图书在版编目（CIP）数据

团队成员边界跨越行为前因及其效能机制：基于平台管理视角的研究/凌楚定，谢小云著．-- 北京：中国人民大学出版社，2021.2
（管理学文库）
ISBN 978-7-300-29072-0

Ⅰ.①团… Ⅱ.①凌… ②谢… Ⅲ.①企业管理—组织管理学 Ⅳ.①F272.9

中国版本图书馆 CIP 数据核字（2021）第 035096 号

管理学文库
团队成员边界跨越行为前因及其效能机制——基于平台管理视角的研究
凌楚定　谢小云　著
Tuandui Chengyuan Bianjie Kuayue Xingwei Qianyin ji qi Xiaoneng Jizhi
——Jiyu Pingtai Guanli Shijiao de Yanjiu

出版发行	中国人民大学出版社		
社　　址	北京中关村大街 31 号	邮政编码	100080
电　　话	010－62511242（总编室）		010－62511770（质管部）
	010－82501766（邮购部）		010－62514148（门市部）
	010－62515195（发行公司）		010－62515275（盗版举报）
网　　址	http://www.crup.com.cn		
经　　销	新华书店		
印　　刷	固安县铭成印刷有限公司		
规　　格	155 mm×230 mm　16 开本	版　　次	2021 年 2 月第 1 版
印　　张	12.5 插页 2	印　　次	2021 年 2 月第 1 次印刷
字　　数	167 000	定　　价	58.00 元

推荐序

数字经济的蓬勃兴起和迅速发展，为各类企业提供了大量的发展机会，也使组织面临更为复杂和高度不确定性的竞争环境。为应对环境动荡、时间压力和资源匮乏等挑战，越来越多的企业通过组织重构和数字化转型创建了“大平台＋小前端”的新模式，并普遍地将工作团队作为组织运作的基本单元。由此，平台型组织中的众多团队如何通过团队化策略，增强边界跨越响应，管理和整合外部各类利益相关者的需求、知识和资源，成为决定团队效能的重要路径。不同于以往主要从平台主导者的视角出发，关注平台战略、平台设计和平台治理等公司战略问题的论著，凌楚定博士和谢小云教授的专著《团队成员边界跨越行为前因及其效能机制——基于平台管理视角的研究》聚焦活跃于平台型组织的基本运作实体（即团队）的行为规律和心理机制。基于开放系统视角，本书构建了一个团队内外部整合的研究框架，探究了平台型组织中团队成员边界跨越行为在团队迁移外部知识及提升团队效能中的关键作用。

本书展示出以下三方面的特色与创新点：

第一，从研究视角看，本书从以往研究割裂地看待团队内部或外部过程转向内外部整合的研究框架。通过一系列研究，本书刻画并检验了平台型组织中团队外部网络特征通过团队边界跨越行为作用于团队内部过程进而影响团队效能的过程。这为团队水平理论的内外部整合提供了研究证据支持。

第二，从分析水平看，本书突破了以往研究对团队边界跨越行为仅从单一水平进行分析的局限，基于多水平理论和方法刻画出平台型组织中团队成员边界跨越行为作用于团队效能的微观动力过程。由此，作者更加准确地捕捉到团队边界跨越行为的内涵属性，进一步揭示出团队成员边界跨越行为对于团队整体效能的影响与过程机制。

第三，从理论拓展看，本书与以往简单讨论团队边界跨越行为主效应的研究不同，在有关平台型组织中团队成员个人边界跨越行为的团队效能微观动力过程研究的基础上，进一步挖掘了这一过程发生作用的权变机制。由此，本书深化了对团队成员边界跨越行为及其效应的理论认识，提升了企业更好地从外部导向活动中获得最大化收益的价值。

本书的作者凌楚定博士和谢小云教授长期从事组织行为学与人力资源管理的研究、教学和社会服务工作。近年来，他们聚焦于组织平台化转型背景下的团队研究，在国内外重要期刊发表了一系列成果，是当前国内团队组织行为学研究领域富有影响力的青年学者。这本专著正是他们有关团队管理研究最新成果与理论洞见的充分体现。本书的出版将为平台型组织乃至各类新型组织背景下的团队管理研究和实践提供参考。为此，我特别将本书推荐给组织管理与人力资源管理方面的同仁，特别是团队管理研究人员和经管学院师生。相信读者能从本书中获得全新的启发和裨益。

王重鸣　博士

浙江大学文科资深教授

前　言

随着海尔、小米和韩都衣舍等行业标杆型企业的创新引领，越来越多的企业由传统的科层制组织转型为平台化组织，并采用“大平台＋小前端”的组织运营模式。这些小前端通常指的是能够频繁和高效地与外界协同和互动的团队；这些团队通过不断的边界跨越来配合其他团队的需求，实现组织战略目标。团队边界跨越行为，即团队成员为了响应和管理与外部环境的关系，与外部对象建立联系和发生互动的行为，已被证实对团队乃至组织效能都具有重要意义。然而，以往有关团队边界跨越行为的研究主要基于封闭系统视角，割裂地看待团队内外部特征，鲜少从团队外部社会网络结构因素考察前因，也未能揭示本质上作为团队成员的个人代表团队实施的外部导向行为作用于团队整体效能的过程机制和边界条件。从上述现实背景和理论问题出发，我们基于社会网络理论和“成员动态的团队反应”（team receptivity to the movement of personnel）框架，构建了一个以成员边界跨越行为为核心的团队内外部整合框架，并开展了三个系列实证研究进行检验。

子研究一探究了社会网络构型如何以及何时会促进团队成员的边界跨越行为。为此，我们基于社会网络理论构建了一个团队成员边界跨越行为外部使能机制概念模型，以中国东部沿海某城市一家电力公司的 140 名员工的问卷调查数据为样本，采用多轮次多来源设计检验模型中的假设关系，发现绝大部分假设得到了支持。更具体地说，我们提出并发现，焦点团队成员的外部自我中心网络密度及其在外部自我中心网络中的中介中心性都和该成员的边界跨越行为正相关。此外，我们还提出并发现，焦点团队成员的知识宽度会强化其在外部自我中心网络中的中介中心性与其边界跨越行为之间的正相关关系。

子研究二探讨了团队成员在个体水平实施的边界跨越行为获得的信息和资源如何在团队中扩散并最终促进团队水平的整体效能的微观动力机制。基于成员动态的团队反应框架，我们发展了一个个体水平团队成员边界跨越行为影响团队水平效能的多水平涌现过程模型。以中国东部沿海某城市一家电力公司 37 个团队中的 159 名团队成员所构建的 633 组对偶关系的问卷调查数据为样本，采用多轮次多来源设计检验模型中的假设关系，我们发现团队成员 A 的边界跨越行为和团队成员 B 的团队工作反思之间存在显著的正相关关系，但是没有证实团队内成员间团队工作反思的密度和团队效能存在显著的正相关关系。

子研究三考察了个体水平团队成员边界跨越行为作用于团队水平整体效能的微观动力过程（microdynamics）的情境权变机制。采用成员动态的团队反应框架作为理论基础，我们从多水平论证了团队成员 A 的边界跨越行为-团队成员 B 的团队工作反思-团队效能这一多水平涌现过程发挥作用的情境权变机制。以中国东部沿海某城市的一家互联网金融公司 60 个团队中的 225 名团队成员所构建的

698 组对偶关系的问卷调查数据为样本，采用多轮次多来源设计检验模型中的假设关系，我们发现，当一个团队成员 A 实施了边界跨越行为之后，有可能会诱发另一个团队成员 B 的团队工作反思。这意味着我们以不同情境的更大样本建设性地重复了子研究二的发现。我们还发现，团队成员 B 感知到的团队成员 A 的亲团队动机以及团队绩效压力这两个基于理论的调节变量会强化团队成员 A 的边界跨越行为和团队成员 B 的团队工作反思之间的正相关关系。最后，我们发现，当团队中的成员都能相互诱发其他成员对团队工作的反思（表征为团队内成员间的团队工作反思的密度）时，团队效能将获得提升，由此验证了在子研究二中没有得到支持的假设关系。

基于上述发现，本研究的理论贡献主要体现在以下方面：第一，不同于以往研究割裂地看待团队内部或外部过程，我们发展并验证了一个有关团队研究的内外整合研究框架。第二，研究从以往单一水平分析转向了用多水平涌现刻画团队成员边界跨越行为作用于团队效能的微观动力过程。第三，不同于以往简单主效应的研究，我们以多水平分析刻画团队成员边界跨越行为作用于团队效能的微观动力过程的权变机制。第四，研究丰富和发展了社会网络理论中的“个体在网络中的能动性”和“闭包和经纪可以兼容”的观点。第五，研究还拓展了成员动态的团队反应框架的适用范围，丰富了其情境权变因素。第六，研究展现了以微观动力机制为基础的涌现过程模型在团队研究中的增量解释力。

此外，我们还讨论了本研究发现对于平台时代组织如何激发员工潜力并打造高效能团队的实践建议。特别地，我们的研究结论为团队如何管理边界跨越行为并从中获得最大效益提供了若干启示。最后，我们总结了本研究存在的若干局限并提出了未来一些可能的研究方向。

在本书的写作过程中，我们得到了香港理工大学管理及市场学系刘武教授的大力支持和帮助。本书亦是国家自然科学基金面上项目“团队边界活动与团队创新关系研究：基于群体动机性信息加工理论视角”（71772159）和中国人民大学科学研究基金（中央高校基本科研业务费专项资金资助）项目（2021030107）的研究成果，我们在此一并表示感谢。

目　录

第 1 章 导 论

1.1 研究背景

1.1.1 平台时代日益开放化的团队工作实践

为了更快速地响应市场需求、赢得持续的竞争优势，团队日益成为组织中的基本运作单元（Mathieu，Hollenbeck，van Knippenberg，& Ilgen，2017）。正如忻榕、陈威如和侯正宇（2019）所指出的那样，今天众多企业都在通过组织变革转型为“大平台+自主小前端”。这些小前端通常指的是能够频繁和高效地与外界协同和互动的团队；这些团队通过不断的边界跨越来配合其他团队的需求、实现组织战略目标。举例来说，海尔集团自 2013 年以来逐步推进平台化变革，围绕业务或项目成立了大量具有自主经营权的“小微”。

这些活跃在企业平台上的“小微”独立自主地整合企业内外部资源开展运营并进行独立核算，极大地激发了员工潜力和企业活力。类似地，韩都衣舍于2008年创立到组建智汇蓝海平台，构建了以产品小组为核心的单品全程运营体系。这些产品小组依托平台的数据支持，以爆款产品为目标，独立灵活地开展研发管理、产品管理、供应链管理等，大幅提高了企业产品的曝光量和产销量。再比如，小米公司将产品功能团队作为日常运作的核心，每个小团队包括产品经理、设计师、开发工程师、测试、运维、论坛客服等职能，少则3人最多10人，完成一个功能从策划到发布的完整过程，每个步骤之间无缝对接，实现某种手机型号的研发。

这些以“大平台＋小前端”模式为典型特征的平台型组织，其自主经营团队大都注重在早期即开始将组织内的其他团队乃至组织外部的客户纳入互动和学习的范围，通过搜索和学习外界的需求信息、技术建议来提升团队效能。例如韩都衣舍企业平台上的每个产品小组，在成立之初就与90后、00后的粉丝群体密切互动，迅速而充分地捕捉外部信息，使产品研发时间及产品出厂期大大缩短。类似地，小米手机的产品功能团队在开发出“最小化可行产品”后，就立即卷入用户参与策划、设计、开发、测试和发布的全过程，从而不断改进产品，实现产品的快速迭代升级。上述实践案例均表明，在平台时代灵活自主的工作团队已经成为组织运行的基本单元，这些团队的工作呈现日益开放化的趋势。

1.1.2 内外部视角相对割裂的团队效能研究

随着“大平台＋小前端”的组织架构模式被越来越多的企业所接受和采纳，平台上的团队如何响应、管理和整合外部各种利益相关者的需求、知识和资源，成为决定团队效能的重要环节。当前有关平台经济、平台管理的文献主要从平台主导者（核心企业或平台运营商）视角出发，关注平台架构、平台竞争、平台治理等宏观问题，对于平台组织中的基本运作单元（即团队）的微观过程和运行机理基本不做考察。而现有团队基础研究大都关注的是团队的内部过程。在过往研究中，学者们从团队成员的构成因素（e. g., Spoelma & Ellis, 2017; Nederveen Pieterse, van Knippenberg, & van Dierendonck, 2013）、结构特征（e. g., Greer, de Jong, Schouten, & Dannals, 2018）、过程机制（e. g., Fisher, 2014; Waller, Okhuysen, & Saghafian, 2016）等多种角度探索了如何促进团队效能。总的来说，这些研究大都是基于输入—中介—产出（input-mediation-outcome, IMO）框架的团队内部动力学研究（e. g., Mathieu, Gallagher, Domingo, & Klock, 2019）。然而，正如上述企业实践中的现象所刻画的，团队并不是一个孤岛，仅仅关注其内部结构和过程，忽略其如何与所属组织中的其他团队以及组织外利益相关者的互动，研究结论缺乏生态效度（e. g., Maloney, Bresman, Zellmer-Bruhn, & Beaver, 2016; Somech & Khalaili, 2014）。Mathieu, Gallagher, Domingo和Klock（2019）也指出，在研究团队效能时，我们需要更加注重将团队嵌入所属的组织环境，更多关注团队如何与团队边界之外的环境发生互动。在这个背景下，探讨团队如何管理其内外部特征，从而促进团队效能，具有重要的理论和现实意义。

为了连接团队内外，Ancona在20世纪90年代的系列研究中提出了“团队边界跨越行为”的概念，将其定义成一种典型的连接团队外部特征和内部过程的活动；与基于社会心理学传统的内部导向团队研究不同，她和她的同事们倡导将团队视为一个开放系统（open system），聚焦于团队如何响应和管理外部环境（e. g., Ancona, 1990; Ancona & Caldwell, 1992）。考虑到团队开展与外部环境沟通的关键性，团队边界跨越行为相关研究在过去30年中获得了学术界的广泛关注并取得了一些重要进展。然而，迄今为止有关团队边界跨越行为的研究仍然存在一些不容忽视的局限性。首先，理论界对于团队边界跨越行为的研究大都采用加法模型（additive model; Chan, 1998），将团队边界跨越行为作为一个团队水平的构念加以研究，忽略了它是个体成员代表团队实施的外部导向行为这一本质特征（e.g., Marrone, 2010）。其次，过往研究仍主要基于封闭系统视角，从团队成员特征、领导风格、内部特征以及任务特征等角度考察团队边界跨越行为的前因，忽略了开放系统视角下团队外部特征对于团队成员跨越行为的影响（e.g., Dey & Ganesh, 2017）。最后，关于团队边界跨越行为与团队效能关系的研究，大都关注其主效应，而对其过程机制及边界条件则探究较少（e.g., Leicht-Deobald et al., 2020）。个体边界跨越行为作为一种由成员个体开展的外部导向行为，如何以及何时能够通过一个自下而上的过程机制作用于团队效能，仍是一个过程黑箱（e.g., de Vries, Walter, van der Vegt, & Essens, 2014; Marrone, Tesluk, & Carson, 2007）。新形势下组织团队管理、工作设计所面临的挑战，以及团队研究理论的发展，都迫切需要进一步发展团队边界跨越行为研究。在这个背景下，我们秉承问题驱动和理论驱动的原则，致力于通过较为严谨和根植于现实问题的基础研究设计，开展相应的研究探索工作。

1.2 研究问题

基于内外部整合视角，本研究紧密围绕“团队成员边界跨越行为在连接团队外部特征和团队内部过程复杂关系中的作用”这一核心问题展开。如图 1-1 所示，团队成员的边界跨越行为作为一种发生在团队内外部交界处的行为，可以帮助解构团队外部特征与团队内部过程之间的复杂关系。围绕解构团队成员的边界跨越行为在图 1-1 所示的团队内外部整合链式过程中的作用，本研究具体可以分解为以下三个子研究问题。

第一，团队外部特征是否以及何时会影响团队成员的边界跨越行为？在这个子研究中，我们首先回归团队成员边界跨越行为作为个体水平构念的本源，并尝试探讨团队外部特征因素的影响。以往研究讨论了一系列个体特征对于团队成员边界跨越行为的作用

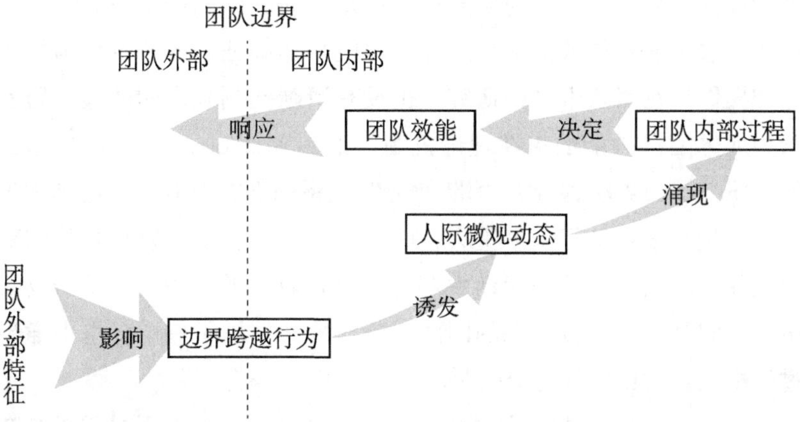

图1-1　本研究微观机制

(e. g., Marrone et al., 2007; de Vries et al., 2014)，关注点主要集中在内部视角下团队成员的动机或认知因素上。这些研究忽略了团队作为一个开放系统，其外部与机会有关的因素也有可能提高或者降低团队成员开展边界跨越行为的可能性。对团队外部视角下的机会相关因素缺乏探索是遗憾的，因为在许多情况下我们可以看到团队成员没有开展边界跨越行为并不是因为他们缺乏动机或者能力；相反，很大程度上是因为他们受限于自己所处的外部社会网络结构，以至于没有机会开展这样对于团队和组织都具有巨大价值的活动(e. g., Phelps et al., 2012; van Wijk et al., 2008)。在子研究一中，我们基于社会网络理论来探讨团队成员所处的团队外部社会网络结构如何以及何时可以促进成员的边界跨越行为。

第二，成员个人通过边界跨越行为获得的信息和资源如何在团队中扩散并最终促进团队水平的整体效能？如前所述，团队成员的边界跨越行为本质上是由团队成员个人代表团队整体完成的外部导向活动（Marrone, 2010)，然而当前绝大多数研究都在团队水平概念化（conceptualize）和操作化（operationalize）团队边界跨越行为(e. g., Ancona & Caldwell, 1992; Drach-Zahavy & Somech, 2010; Somech & Khalaili, 2014)。这样一来，我们就难以解析团队成员实施的边界跨越行为获得的信息和资源是如何在团队中扩散并最终促进团队水平的整体效能的。此外，即便是那些把边界跨越行为概念化和操作化在团队水平的研究，也没有清晰地刻画出团队边界跨越行为促进团队效能的潜在理论机制。正如 Marrone（2010）所指出的，研究“边界跨越行为-团队效能”关系的潜在机制，无论是理论意义还是实践意义都十分重大，因为回答这个问题可以深化我们对团队如何能从外部导向活动中获得最大化收益的认识。在子研究二中，我们基于“成员动态的团队反应”框架发展了一个多水平涌现过程模型，尝试回答这个问题。

第三，团队成员边界跨越行为-团队效能跨水平涌现过程机制在何种条件下更有可能发生？以往有少量定性研究表明，即便是相同的边界跨越行为，由不同的团队成员来实施，团队中的其他同事对此的评价和反应也极有可能是不一样的。团队成员实施的边界跨越行为有可能会受到团队内部分同事的欢迎和认可，也有可能招致另一些同事的反感和厌恶，因此造成团队内部凝聚力和团队整体效能的下降（Ancona，1990；Gibson & Dibble，2013）。上述证据表明，实施边界跨越行为的团队成员并不总是能够将从团队边界外部所获得的信息和资源在团队内部扩散并促使团队针对外部环境变化做出适应性调整。因而，我们有必要进一步分析由个体团队成员的边界跨越行为诱发的跨水平涌现机制发生作用的边界条件。在子研究三中，我们从动机视角引入并探究两个理论相关的调节变量——团队成员 B 感知到团队成员 A 的亲团队动机和全体团队成员感知到的团队绩效压力——作为上述涌现过程模型的理论驱动权变因素。

1.3 研究创新点

本研究试图构建一个内外部整合的研究框架，探究团队成员边界跨越行为在团队迁移外部知识并提升团队效能中的作用。本研究的主要创新点体现在以下三个方面：

第一，从研究视角看，我们从以往研究割裂地看待团队内部或外部过程转向内外部整合研究框架。过往的团队研究大都孤立地看待团队，围绕团队研究的IMO框架探讨其内部成员的构成因素、结构特征或者中介机制（e.g.，Mathieu et al.，2017；2018；2019）。对团队边界跨越行为的研究，不仅有助于理解团队如何对外部环境做出响应以及如何有效管理外部环境（Marrone et al.，2007；Mathieu et al.，2019），更重要的是提供了一个契机，探讨团队外部特征如何通过边界跨越行为作用于团队内部过程。团队并不是一个独立存在的孤岛（van Knippenberg，2003），要获得更加具有内部效度和生态效度的研究结论以反哺组织管理实践，团队研究必须从“孤立地分析团队内部或外部过程”走向“内外整合分析”的框架。我们的研究设计刻画并检验团队外部特征如何通过边界跨越行为作用于团队内部的信息加工过程，有望为团队水平的理论从内外部割裂走向内外部整合提供一定的证据支持。

第二，从分析水平看，我们突破了以往对团队边界跨越行为仅从单一水平进行分析的局限，基于多水平涌现刻画了团队成员边界跨越行为作用于团队效能的微观动力过程。早期的团队边界跨越行为研究都是单一水平的研究，聚焦于个体水平的边界跨越行为抑或团队水平的边界跨越行为。团队成员的边界跨越行为本质上是由团队成员个人代表团队整体完成的外部导向活动（Marrone，2010），但当前绝大多数研究在团队水平概念化和操作化团队边界跨越行为（e.g.，Ancona & Caldwell，1992；Drach-Zahavy & Somech，2010；Faraj & Yan，2009；Somech & Khalaili，2014）。我们的研究首先回归边界跨越行为作为团队成员个人行为的构念本源，并通过引入多水平理论与相关方法描绘出个体边界跨越行为通过团队内部人际互动作用于团队效能的涌现过程。由此，我们希望可以更加准确地捕捉团队成员边界跨越行为的内涵属性，并且进一步在理论和实证上揭示团队成员在个体水平实施的边界跨越行为及获得的信息和资源如何在团队中扩散并最终促进团队水平的整体效能这一过程机制。

第三，从理论边界看，与以往简单讨论团队边界跨越行为主效应研究不同，我们的研究在打开边界跨越行为影响团队效能微观动力过程的基础上，进一步挖掘了这一过程发生作用的权变机制。以往研究广泛讨论了团队边界跨越行为与团队效能之间的正相关关系，然而也有少量定性研究发现，团队成员实施的边界跨越行为并不总是受到团队中其他同事的欢迎和认可，相反这些边界跨越者有可能被认为是“害群之马”，并因此造成团队内部凝聚力和团队整体绩效的下降（Ancona，1990；Gibson & Dibble，2013）。本研究在理论上论述和实证上考察由团队成员边界跨越行为诱发的团队内部微观动力过程在不同层次的情境权变因素。这将进一步回答由团队成员在个体水平实施的边界跨越行为获得的信息和资源何时会在团队中扩散并最终促进团队水平整体效能。回答这个问题，可以深化我们对于团队成员边界跨越行为及其效应的认识，也可以帮助现实中的组织更好地从这样的外部导向活动中获得最大化收益。

1.4 章节安排与技术路线

本书紧密围绕内外部整合视角下团队成员边界跨越行为在塑造团队效能中的作用这一核心问题展开，在对相关领域研究进行系统回顾的基础上，有序地对书中包含的三个子研究进行论述。具体的章节安排如下：

第 1 章为导论。本章的主要任务是介绍团队工作日益开放化的现实背景和团队研究仍然以内部封闭视角为主的理论背景，从而引出本书关注的核心问题以及关注这个问题的价值所在。在此基础上，简单介绍本书的创新点。

第 2 章为文献综述。首先回顾过去数十年特别是近年来内部封闭系统视角下的团队效能研究的进展并总结其存在的问题。从当前团队效能研究忽略了现实组织中的团队具有开放系统特征这一主要问题出发，进一步回顾有关团队外部关系——团队外部社会网络的研究。从中我们发现，当前文献对团队外部网络结构特征和团队效能的正相关关系的作用机理研究还不深入，而团队成员的边界跨越行为作为一种团队及其成员主动管理与外部环境关系的典型活动，可以从行为视角有益地补充网络研究的不足。因此，我们对本研究的核心构念——团队边界跨越行为——展开文献回顾。

我们发现，以往多数研究忽略了团队边界跨越行为是个体成员代表团队实施的外部导向行为的本质特征，也缺乏从开放系统视角探讨团队外部特征对于团队成员跨越行为的影响。此外，关于个体边界跨越行为作为一种由团队成员个体实施的外部导向行为，如何以及何时会通过一个自下而上的过程机制作用于团队效能，当前文献仍然缺乏清晰的结论。基于上述文献综述的结论，我们试图构建一个内外部整合的研究框架，探究团队成员边界跨越行为的外部社会网络前因及其对团队效能关系的自下而上的涌现过程机制与边界条件。

第 3 章重点介绍三个子研究之间的逻辑递进关系：子研究一旨在探究团队外部特征能否以及在何时会影响团队成员的边界跨越行为；子研究二试图从认知视角揭示团队成员个人实施的边界跨越行为获得的信息和资源是如何在团队中扩散并最终促进团队水平的整体效能的；子研究三则尝试从动机视角看团队成员边界跨越行为-团队效能跨水平涌现过程机制在何种条件下更有可能发生。

第 4 章重点介绍子研究一。我们关注在知识密集的平台型组织中，团队成员的外部社会网络构型是如何以及何时促进团队成员的边界跨越行为的。更具体地说，我们提出，焦点团队成员的外部自我中心网络密度及其在外部自我中心网络中的中介中心性都和他的边界跨越行为正相关。此外，本研究还提出个体知识结构的深度和宽度对于社会网络构型-边界跨越行为关系具有情境权变作用。基于中国东部某沿海城市一家电力公司的两轮次领导成员配对问卷调研数据，我们基本验证了假设模型。

第 5 章重点介绍子研究二。我们从认知视角探讨了由团队成员在个体水平实施的边界跨越行为而获得的信息和资源是如何在团队中扩散并最终促进团队水平的效能这一问题。我们发展了一个多水平涌现模型，提出当一个团队成员 A 实施了边界跨越行为之后，有可能会诱发另一个团队成员 B 的团队工作反思；我们还进一步提出当团队中的成员都能相互诱发其他成员对团队工作的反思（表征为团队内成员间团队工作反思的密度）的时候，团队效能将获得提升。以中国东部沿海某城市一家电力公司中的工作团队为研究样本，多轮次多来源设计的问卷调查研究数据基本证实了我们的假设模型。

第 6 章重点介绍子研究三。鉴于以往研究中存在的不一致结论，我们从动机视角探讨了个体成员边界跨越行为-团队效能涌现过程模型的边界条件。特别地，我们引入两个理论相关的调节变量——团队成员 B 感知到团队成员 A 的亲团队动机（即团队成员 B 感知到团队成员 A 愿意通过自己的努力为团队做出贡献的程度）和团队绩效压力（即团队被要求为高质量的产出负责的程度）——作为模型的理论驱动权变因素，考察它们是否会影响和塑造由团队成员边界跨越行为诱发的团队内部微观动力过程。基于中国东部某沿海城市的一家互联网金融公司的工作团队多轮次多来源问卷调研数据，我们基本验证了假设模型。

第 7 章为研究结论和展望。这一章首先对前述三个研究所得到的结论进行总结，然后对研究的理论贡献和实践意义进行讨论。在此基础上，提出一些值得未来研究继续关注的问题和现象。

本书的技术路线如图 1-2 所示。

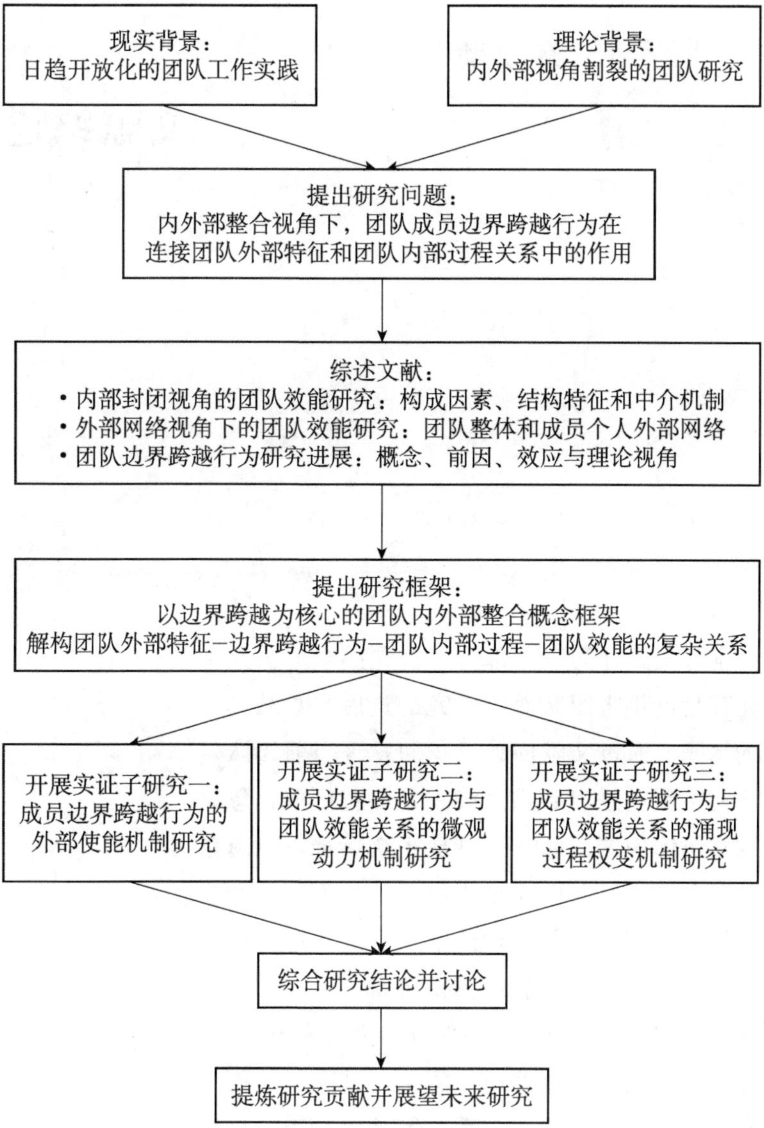
现实背景：
日趋开放化的团队工作实践
理论背景：
内外部视角割裂的团队研究
提出研究问题：
内外部整合视角下，团队成员边界跨越行为在
连接团队外部特征和团队内部过程关系中的作用
综述文献：
• 内部封闭视角的团队效能研究：构成因素、结构特征和中介机制
• 外部网络视角下的团队效能研究：团队整体和成员个人外部网络
• 团队边界跨越行为研究进展：概念、前因、效应与理论视角
提出研究框架：
以边界跨越为核心的团队内外部整合概念框架
解构团队外部特征–边界跨越行为–团队内部过程–团队效能的复杂关系
开展实证子研究一：
成员边界跨越行为的
外部使能机制研究
开展实证子研究二：
成员边界跨越行为与
团队效能关系的微观
动力机制研究
开展实证子研究三：
成员边界跨越行为与
团队效能关系的涌现
过程权变机制研究
综合研究结论并讨论
提炼研究贡献并展望未来研究

图 1－2　本书的技术路线

第 2 章

文献综述

本章主要分为三个部分：首先回顾过去几十年尤其是近年来团队效能研究的进展并总结其存在的问题。通过文献回顾，我们发现当前团队效能研究主要还是以封闭系统视角看待团队，忽略了现实组织中的团队具有开放系统特征，也忽略了团队及其成员可以通过边界跨越行为等活动主动与外部环境交互并管理外部关系。从这一点出发，我们进一步回顾有关团队外部关系——团队外部社会网络的研究。这一部分的文献回顾显示，虽然当前多数研究都发现了团队外部网络结构特征和团队效能的正相关关系，但是受限于社会学研究传统和结构决定主义视角，对于这种正相关关系发生的作用机理的研究还不够深入。而团队成员的边界跨越行为（boundary spanning behavior）作为团队及其成员主动管理与外部环境关系的一种典型活动，在理论上可以很好地从行为科学视角解构团队外部社会网络对团队效能的作用机理。鉴于此，我们对本研究的核心构念——团队边界跨越行为——展开文献回顾。结果显示，多数研究忽略了团队边界跨越行为的本质特征是个体成员代表团队实施的外部导向行为，也缺乏从开放系统视角解析团队外部特征对于团队成员跨越行为的影响。此外，个体的边界跨越行为如何以及何时会通过一个自下而上的过程机制作用于团队效能，当前文献仍然缺乏清晰的结论。

2.1　内部封闭视角的团队效能研究：构成因素、结构特征和中介机制

在当前超级竞争和快速变化的外部环境下，为了实现人力资本的价值最大化，越来越多的组织开始采用团队工作模式。团队工作模式通过将个体分配至不同的工作单元，帮助组织更好地将员工能力和工作需求相匹配。简而言之，团队已经成为现代组织设计与管理的基本单元。由此，有关团队的组织行为学和人力资源管理研究，特别是如何提高团队效能的研究，在过去 20 年间迅速增长（e. g., Mathieu, Hollenbeck, van Knippenberg, & Ilgen, 2017）。在过去 10 年中，已经有若干全面而翔实的文献综述回顾了团队效能研究的整体状况和知识图谱（e. g., Kozlowski, 2018; Kozlowski & Bell, 2012; Mathieu, Gallagher, Domingo, & Klock, 2019; Mathieu et al., 2017; Mathieu, Wolfson, & Park, 2018）。因此，我们在这一小节仅简要回顾当前团队效能研究的重要理论、观点和发现，特别是那些反映动态复杂竞争环境下的团队效能的研究。根据 Mathieu 和 Gilson (2012)，我们认为在考察团队效能时应考虑三个方面的因素：工作的数量、效率和质量。数量是指团队工作输出的成果的计数（例如销售量、客户数量等）。效率和数量是相关概念，但是前者更强调产出和投入的比值（例如新产品和原材料的比值、决策结果

和投入时间的比值等)。质量则是对工作产出的价值判断(例如产品退货率、客户满意度等)。这些可见的产出也不是恒定不变的，它们可能随着时间的推移而上升或下降(e. g., Cronin, Weingart, & Todorova, 2011)。

Mathieu 等人(2017, 2018, 2019)在回顾了过去 20 年团队研究的发展演进历程之后指出，团队效能研究已经成为工业与组织心理学和组织行为学领域的重要话题之一。此外，他们还指出由 McGrath(1964)提出并被 Hackman 和 Morris(1975)发展的输入—过程—产出(input-process-outcome, IPO)框架是当前团队效能研究的元理论框架。Marks, Mathieu 和 Zaccaro(2001)以及 Ilgen, Hollenbeck, Johnson 和 Jundt(2005)在以往文献基础上进一步将过程因素细分为行为过程(团队成员之间的行为互动)和涌现状态(emergent states，团队成员之间互动之后形成的集体认知、情感和动机)，并将这两类因素合称为中介机制(mediating mechanisms)，由此提出了 IMO 框架。在 IMO 框架的指引下，团队效能研究在过去 20 年里迅速增长并越来越多地考虑情境特征和时间因素对团队过程(team processes)和效能的影响(e. g., Arrow, McGrath, & Berdahl, 2000; Ilgen, Hollenbeck, Johnson, & Jundt, 2005; Levine & Moreland, 2012)。

然而，近期不断增长的文献逐渐把团队看作一个动态、多层和复杂的系统，并以此发展了一系列理论、方法和分析手段来检验这一更具复杂性的观点(e. g., Mathieu et al., 2019, 2017, 2018)。在此基础上，如图 2-1 所示，Mathieu 等人(2017)提出了一个新的整合性框架，把构成因素、结构特征和中介机制作为能够交互作用并联合影响团队效能的三方面因素。这个新的理论框架继承和发展了 IMO 框架，将团队构成因素和结构特征作为关键输入因素，并将团队过程和涌现状态作为关键的中介机制因素。然而，这个框架并不认为输入因素和中介机制在时间上是序列关系。相反，它认为这些因素以及相互之间的因果关系会随着时间动态变化。相比于以往相对简单、封闭和静态的理论框架，这个新的整合性框架更加深刻和精确地刻画了现实组织中团队复杂、开放和动态的属性。根据这个整合性理论框架，我们简要回顾上述三方面因素联合影响团队效能的研究。

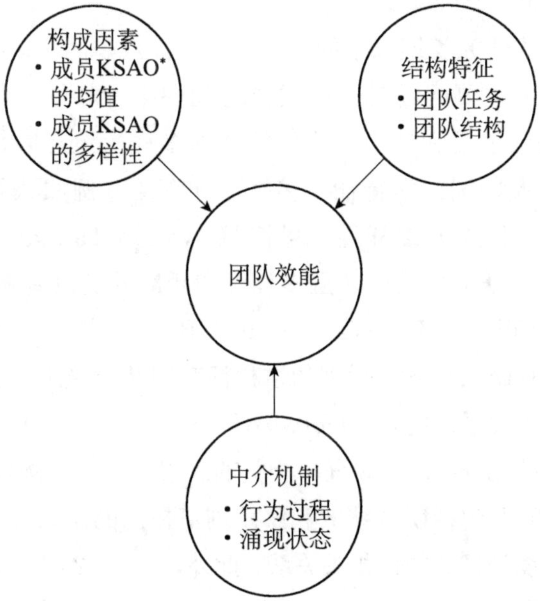

图 2-1　团队效能研究的构成因素、结构特征和中介机制的整合交互框架

* KSAO 指知识（knowledge）、技能（skills）、能力（abitities）及其他（others）。

2.1.1　构成因素

构成因素是指那些能够影响团队过程和产出的团队成员个人特征的组合（e.g., Levine, Moreland, & Ryan, 1998）。在研究团队构成因素时，学者们通常考虑两方面问题：团队成员的何种特征应当被纳入分析，以及被纳入分析的这种特征应当以何种聚合或分布形式在团队层面显现。就第一个问题而言，以往研究通常考虑团队成员的知识、技能、能力、人格特质和人口统计学属性等（e. g., van Knippenberg & Mell, 2016）。而对于第二个问题，以往研究主要考虑团队成员在特定特征上的集中趋势、离散趋势、最大值和最小值等（e. g.，Mathieu et al.，2014）。团队构成因素的早期经典研究主要关注何种聚合模型表征的团队成员个人能力能够更好地预测团队效能，例如以均值表征的加法模型（additive model）、以最大值表征的分离模型（disjunctive model），以及以最小值表征的连接模型（conjunctive model）。

团队构成研究长期以来的一个主要关注点是团队多样性。这一派研究关注的主要问题是团队成员之间在某种特征上的不相似性如何影响团队过程和产出。成员特征的多样性包括表层（例如性别、年龄等人口统计学特征）多样性和深层（例如认知风格、目标导向等深层因素）多样性。尽管 Horwitz 和 Horwitz（2007）的元分析发现非任务相关的表层多样性和团队效能没有显著的关系，但是 Bell，Villado，Lukasik，Belau 和 Briggs（2011）的更大样本的元分析发现团队种族、性别的多样性和团队效能之间存在微弱但显著的负相关关系。此外，Horwitz 和 Horwitz（2007）以及 Bell 等人（2011）的元分析均发现任务相关的表层多样性（例如职能背景、教育水平等）和包括团队绩效和团队创新在内的团队效能指标之间存在中等强度且显著的正相关关系。此外，Bell（2007）在回顾并整合以往团队深层多样性的基础上提出，团队成员有关大五人格、集体主义导向、情绪智力以及团队工作偏好等的多样性，都是团队效能的良好预测指标。尽管已有不少研究揭示了人格特征构成因素和团队绩效之间存在显著的正相关关系（e. g.，Courtright，McCormick，Mistry，& Wang，2017；Gonzalez-Mulé，DeGeest，McCormick，Seong，& Brown，2014；Hu & Judge，2017），但是也有研究发现两者之间存在显著的负相关关系（e. g.，de Jong，Song，& Song，2013）。

鉴于在以往研究中无论是表层多样性还是深层多样性和团队效能之间的关系都没有稳健和一致的结论，越来越多的学者认识到，有关团队成员在构成特征上何种程度的不相似性可以最好地预测团队效能这一问题没有简单的答案，从而开始探讨团队多样性和团队效能关系的情境权变因素（e. g.，van Dijk，van Engen，& van Knippenberg，2012）。例如，van Knippenberg，de Dreu，和 Homan（2004）提出的分类-加工模型（Categorization-Elaboration Model）指出，团队多样性能否对团队效能产生积极影响取决于团队成员是否能够以开放的心态深度加工多样性的信息和观点而非因为彼此之间的差异而产生子群体之间的偏见与敌意。Nishii（2013）的研究也发现当团队具有较高水平的包容性氛围时，团队多样性能够对团队过程和产出发挥积极效应。为了进一步解决团队多样性-团队效能关系结论不一致的问题，学者们还发展出了团队断裂带（team faultlines）的概念。团队断裂带指的是团队内部能够把团队分成若干内部具有同质性、相互具有异质性的部分的假想分割线（Lau & Murnighan，1998，2005）。在测量团队断裂带时，学者们通常考虑团队成员在至少两种特征（例如性别和年龄）上的联结来计算断裂带强度（Meyer & Glenz，2013）。根据定性的文献综述（Thatcher & Patel，2012）和定量的元分析（Meyer，Glenz，Antino，Rico，& Gonzalez-Roma，2014），团队断裂带对于团队效能的作用总体上是消极的，尽管也有少数研究揭示了在特定情境下的断裂带可能会对团队效能发挥积极作用（e. g.，Bezrukova，Jehn，Zanutto，& Thatcher，2009；Mas，Flache，Takacs，& Jehn，2013）。

综上所述，以往研究已经广泛讨论了不同类型的团队构成因素和团队效能的关系。总体而言，这些研究团队构成因素对于团队效能具有一定的预测作用，但是这种作用是情境权变的，取决于构成特征因素的内涵与测量、团队氛围以及领导风格。此外，正如 Srikanth，Harvey 和 Peterson（2016）以及 van Dijk，Meyer，van Engen 和 Loyd（2017）在概念性综述中所揭示的那样，已有零星研究开始尝试深入刻画团队构成因素诱发的团队内部微观动力过程，并将时间因素纳入分析框架。

2.1.2　结构特征

根据 Mathieu 等人（2017）的研究，团队的结构特征可以从团队任务和团队结构两方面来刻画。团队任务的性质对于分析团队效能十分关键。自 McGrath（1984）以来，学者们提出了一系列有关任务的分类学框架，其中最为核心的两个维度是任务范围（task scope）和任务复杂性（task complexity）。任务范围指的是完成一项任务所需的行为的数量。而任务复杂性有三个侧面：成分复杂性、协调复杂性和动态复杂性（Wood，1986）。成分复杂性指的是决策制定所需信息数量和决策执行所需技能数量。协调复杂性指的是任务不同构成成分之间的互依性，当承担不同角色和职责的团队成员需要共同完成一项任务时，协调复杂性就较高。动态复杂性指的是成分复杂性和协调复杂性随着时间发生变化的特征。依据这三个侧面的复杂性高低水平的组合，我们可以定义不同复杂程度的团队任务。在早期的团队研究中，学者们持个人导向的观点并认为团队成员之间由于任务复杂性导致的相互依赖会降低工作效率和增加工作失误。例如，Johnston 和 Briggs（1968）指出团队产出和团队成员之间所需的协调互动负相关。

随着科学技术的发展和经济全球化的加速，团队任务的本质发生了很大的变化。现代组织中的团队工作的任务范围不断扩大，任务复杂性迅速上升，通常需要多个具有不同专业技能的成员共同完成。团队任务的协调复杂性急剧增加，团队成员能否有效地执行任务并获得良好效能取决于团队中其他成员的专业技能和配合程度。新近的研究发现包括任务复杂性在内的团队工作设计特征因素和团队中的涌现状态正相关（e. g.，Frazier，Fainshmidt，Klinger，Pezeshkan，& Vracheva，2017；Seibert，Wang，& Courtright，2011）。Vashdi，Bamberger 和 Erez（2013）也发现团队任务复杂性可以强化行动团队学习通过工作负荷分担和团队互助行为对团队效能的积极作用。此外，de Wit，Greer 和 Jehn（2012）的元分析发现任务类型会调节团队任务冲突和团队效能之间的关系，当团队任务具有决策的复杂性时，任务冲突可以促进团队效能。上述研究表明，团队任务范围和任务复杂性对于团队效能有重要影响，而且可能改变其他输入因素和团队效能之间的关系。

团队结构刻画的是团队将单靠个人不能完成的大型任务或复杂任务分解为若干小的部分的方式。任务分解过程将团队转变为一个复杂系统，在这个系统中不同的成员承担不同角色和任务，并且他们的工作投入被整合为一个有机的整体。我们依据 Hollenbeck，Beersma 和 Schouten（2012）的框架，从技能分化（skill differentiation）和威权分化（authority differentiation）两个维度来刻画团队结构。技能分化指的是团队中的个体成员在多大程度上有专属知识或技能，使得该成员难以被其他成员替代。而威权分化指的是团队中的决策在多大程度上是由单个个体（例如领导）或全体成员做出的，它本质上刻画的是团队内的集权或分权程度。我们发现，早期的团队效能研究所关注的团队的任务相对简单，技能分化程度较低。例如，在现场研究中学者们关注了从事机械维护、服装生产、流水线制造等任务的团队，从事这类任务并不要求团队成员具有高水平的专业知识。

然而，随着科学技术的发展和经济全球化的加速，团队任务的范围和复杂性急剧升高，改变了团队内技能分化的程度。由此，团队研究的学者们开始转变关注点并尝试用基于复杂计算机模拟的团队任务（例如 Dynamic Distributed Decision-making Simulation; Dimotakis，Davison，& Hollenbeck，2012）来替代原有的头脑风暴等任务，以更好地开展现实中高水平技能分化和高强度外部动态团队研究。具体地，学者们研究了基于交叉职能还是专一职能进行团队内部分工可以更好地促进团队效能（e.g.，Moon et al.，2004），团队个人目标和集体目标相互组合与团队效能之间的关系（e.g.，DeShon，Kozlowski，Schmidt，Milner，& Wiechmann，2004），团队共享心智模型与团队交互记忆系统的形成和发展对团队效能的作用（e.g.，Argote，Aven，& Kush，2018；Gurtner，Tschan，Semmer，& Nägele，2007）等问题。此外，任务范围和复杂性的急剧提升不仅带来了高水平的技能分化，也意味着团队内的决策很难再由一人做出，由此降低了团队内的威权分化。鉴于越来越多的团队呈现出高水平的自主性或者自我管理特征（e. g., Stewart, Courtright, & Barrick, 2012），共享型领导成为团队内权力配置的普遍模式（e. g., Hoch & Kozlowski, 2014）。

综上所述，以往研究已经广泛讨论了包括团队任务和团队结构两方面在内的团队结构特征和团队效能的关系。总体而言，团队任务的范围和复杂性水平经历从低到高的变化，相应地团队技能分化水平逐步提升，而威权分化水平逐步降低。这些现代组织中团队管理实践的变化，使得学者们原本基于团队是简单和静态的系统这一前提发展出来的强调自上而下的正式控制的团队管理模式难以很好地适应现实需要（e. g., Stachowski, Kaplan, & Waller, 2009）。因此，如何在新的团队结构特征下获得高水平的团队效能仍然是当前团队管理实践与研究都十分关心的问题。

2.1.3 中介机制

Marks, Mathieu 和 Zaccaro（2001）在其里程碑意义的概念性综述中将有关团队效能研究的中介机制分成两类：团队过程和涌现状态。其中，团队过程指的是团队成员为了完成集体目标，通过具有互依性的认知、沟通和行为活动将输入因素转化为团队产出的过程，例如团队学习、团队协调、知识分享、信息加工等。而涌现状态指的是用以描述随着团队情境、输入、过程和结果动态变化的团队特质的相关构念，例如团队共享心智模型、团队凝聚力、团队认同、团队冲突等。在其概念性综述中，Marks 等人（2001）根据团队作业在时间序列上的场景划分，将团队过程细分为三类：转换过程（transition processes）、行动过程（action processes）和人际过程（interpersonal processes）。LePine, Piccolo, Jackson, Mathieu 和 Saul（2008）基于以往团队过程研究相关构念的元分析表明上述三类团队过程具有区分效度。

以往有关团队转换过程与团队效能关系的研究积累了不少证据。例如，Weingart（1992）发现任务的成分复杂性会通过团队成员的使命分析和战略规划影响团队效能。Mathieu 和 Rapp（2009）发现团队章程（team charters，团队成员有关角色分工、责任分配以及配合机制的事先规定）的质量，对于团队效能具有持续的积极作用；而且这种作用在任务计划（task planning）水平高的团队中更强。此外，团队成员在作业之后进行的回顾和反思，对于提升团队后续的效能具有十分重要的影响（e. g.，Villado & Arthur Jr.，2013）。这是因为通过分析诊断过往作业过程中的问题并相应地就未来的作业提出改进和规划，可以使团队在后续阶段有更好的行动过程和团队效能。

探讨哪些行动过程可以促进团队效能一直是团队研究者关注的核心问题，以往研究在这一主题上积累了大量研究证据。例如 Fisher（2014）发现良好的团队协调可以促进团队效能，因为它可以避免冗余行动或者衔接失误。团队监控也是一个重要的过程机制，以往研究发现对进度和目标的监控（e. g.，Rapp，Bachrach，Rapp，& Mullins，2014）以及对团队同事的监控（e. g.，de Jong & Elfring，2010）都可以确保团队工作处在正确的轨道上，由此提升团队效能。此外，团队成员之间的信息交换与整合（e. g.，Mesmer-Magnus & DeChurch，2009）和工作负荷分担（e. g.，Vashdi，Bamberger，& Erez，2013）可以促进团队内部资源有效配置，从而促进团队效能。尽管可能还存在一些情境因素，但这些研究整体上说明良好的团队行动过程是获得高水平团队效能的重要前置因素。

有关团队人际过程与团队效能的关系也被以往研究广泛讨论。尽管很多人际过程相关构念在名称上与 Marks 等人（2001）所指的涌现状态相关构念十分相似，但是两类构念存在重大差别——前者是用以描述对后者的诱发或者管理行为的。例如，团队冲突管理作为一种人际过程，可以影响团队冲突这一涌现状态的水平。围绕对团队人际过程的管理，Maruping 和 Agarwal（2004）发展并检验了不同虚拟技术是如何影响团队的冲突管理、情绪管理和动机提升三个关键过程作用于团队效能的。此外，Rahim 和 Magner（1995）提出了团队内冲突管理策略五分类框架，Behfar，Peterson，Mannix和Trochim（2008）进一步发现这五种不同类型的冲突管理策略对于团队效能存在不同作用。

如前所述，涌现状态是指由于团队成员互动形成的共享认知、情绪和动机的团队集体特质。以往有关团队认知的研究主要关注了团队共享心智模型（e.g.，Mathieu，Heffner，Goodwin，Salas，& Cannon-Bowers，2000）和团队交互记忆系统（e.g.，Argote et al.，2018）两类构念。DeChurch和Mesmer-Magnus（2010）的元分析表明团队认知和团队过程及涌现状态都有显著的正相关关系；此外，即便是在控制了其他过程机制相关构念的前提下，团队认知对团队效能仍然具有积极的增量解释效度。在以往研究中，团队情感状态既是团队效能的重要前因，也是其他输入因素或者结构特征与团队效能关系的情境调节。在这一类别下，团队研究的学者们探讨了团队情绪基调（e.g.，George，1990）、心理安全氛围（e.g.，Bradley，Postlethwaite，Klotz，Hamdani，& Brown，2012）、团队凝聚力（e.g.，Beal，Cohen，Burke，& McLendon，2003）和团队公平氛围（e.g.，Morrison，Wheeler-Smith，& Kamdar，2011）等构念。总体而言，这些研究发现团队的情感状态对于团队效能具有积极作用。

综上所述，依据在作业时间序列上的场景划分，团队过程可以细分为转换、行动和人际过程三类，它们相互区别又彼此关联。以往研究表明，团队过程是团队输入因素作用于团队效能的关键中介机制，有效的团队过程是获得高水平团队效能的重要前提。此外，过往研究也探讨并发现了团队认知、情感和动机的团队涌现状态对于团队效能的积极作用。团队涌现状态作为团队输入因素、结构特征或团队过程与团队效能之间关系的过程机制也得到了大量研究的广泛支持。鉴于许多团队过程和涌现状态相关构念之间高度相关，这个主题仍在发展。需要深入研究的是比较区分不同中介机制的解释力，并进一步纳入时间因素以更好地厘清团队过程和涌现状态的因果关系。

2.1.4　文献述评

从以上文献回顾中，我们可以看出团队效能研究在过去几十年间取得了长足发展，特别是在过去20年间，研究数量和质量都明显提升。学者们从构成因素、结构特征和中介机制等角度，深入研究了影响团队效能的因素。尽管这些研究对于我们理解团队效能及其成因机制具有重要意义，但是当前文献仍然存在以下三方面的不足，有待后续研究的改进和发展。

第一，当前研究主要还是以封闭系统视角看待团队，缺乏对现实组织中具有开放系统特征的团队的刻画。上文回顾的影响团队效能的因素，无论是构成因素，还是结构特征，抑或中介机制，多数都是关注团队内部成员的属性和互动的。然而，现实中的团队并不是一座孤岛；相反，由于团队并不一定完全具备完成团队任务和实现团队目标的所有资源，它不得不在相互依赖的团队外部关系中运作并从中获得必要资源（e. g.，Drach-Zahavy & Somech，2010；Maloney et al.，2016；van Knippenberg，2003）。团队外部网络刻画了这种团队间的复杂互依关系，作为团队获取资源的重要渠道，其不同构型特征可能会促进或者抑制团队效能（e. g.，Henttonen，2010；Katz，Lazer，Arrow，& Contractor，2004）。尽管外部网络视角在组织理论和战略管理等领域已经被广泛应用，然而在团队领域尚未得到足够关注（e. g.，Park，Grosser，Roebuck，& Mathieu，2020；Wölfer，Faber，& Hewstone，2015）。我们认为团队效能研究的进一步发展应考虑将团队作为一个开放系统，并将团队外部网络特征纳入分析框架。

第二，当前研究主要还是将团队作为外部环境的被动适应实体，忽略了现实组织中的团队及其成员可以主动与外部环境交互并管理外部关系。承上所述，现实组织中团队并不是在真空中孤立运作的，它会受到来自团队外部环境（例如网络特征）的赋能或限制。然而，这并不意味着团队在面对外部环境时没有能动性和灵活性。相反，现实组织中的团队，特别是在当前数字经济、平台经济的背景下，团队成员常常可以跨越既有边界和外部环境互动并动态调整自身以更好地适应环境变化。Maloney 等人（2016）的概念性综述中呼吁团队研究学者应当在建构模型时更多地考虑团队与外部环境的交互过程。而 Mathieu 等人（2017，2018，2019）发表的三篇有关团队效能的综述则持续呼吁未来研究应当关注团队成员和外部环境互动的典型行为——团队边界跨越行为——对于团队效能的影响。在这种背景下，探讨团队如何从其成员的边界跨越行为中获得更高水平的团队效能，具有重要的理论和现实意义。

第三，当前研究主要还是将团队作为简单的和内部一致的实体来研究，未能捕捉现实组织中的团队具有的复杂和内部多元的特征。从上面回顾的文献不难看出，多数研究都采用问卷调查方法，在确保测量具有组内一致性的前提下，将团队成员个人对于团队构成因素、结构特征和中介机制相关问题的回答简单加总到团队水平进行统计分析和理论检验。这样的做法忽略了团队成员之间复杂的和网络化的人际互动关系及其动态变化是团队研究区别于个体研究的本质特征之一。事实上，团队研究的知名学者 Arrow，McGrath 和 Berdahl（2000）在其理论性著作中就提出要将团队作为一个复杂的适应性系统（Complex Adaptive System）和小型网络来研究。这样的概念化方式虽然在一定程度上使研究数据的收集和分析变得复杂，但是它可以更好地反映组织中团队工作的现实情况，使研究结论更具生态效度（e. g.，Ramos-Villagrasa，Marques-Quinteiro，Navarro，& Rico，2018）。

2.2 外部网络视角下的团队效能研究：团队整体和成员个人外部网络

正如前面文献述评中提到的，团队并不是一座孤岛，相反它嵌入在外部相互依赖的关系网络中，团队效能水平的高低很大程度上取决于团队及其成员能否有效地利用外部社会网络关系。在过去30年间，团队外部社会网络视角正逐渐被团队研究领域的学者接受，研究文献呈现缓慢上升的趋势。为了尽可能详尽地回顾团队外部社会网络实证研究的已有进展，我们检索了中英文数据库中涉及团队和社会网络的研究。我们在Web of Science和Scopus两大综合性英文文献数据库中，以“team OR group”“external OR inter-team OR intergroup”“network OR capital”为并列检索关键词，以标题、摘要和关键词为检索字段，检索了相关英文文献。类似地，我们在中国知网这一综合性中文文献数据库中，以“团队”“外部或团队间”“网络或资本”为并列检索关键词，以标题、摘要和关键词为检索字段，检索了相关中文文献。此后，鉴于我们关注的文献是团队外部社会网络和团队互动及效能关系的相关研究，我们对检索结果进行人工筛选，剔除了以下几类研究：（1）标题、摘要或者关键词中虽然提及了社会网络视角，但是正文中并未包含社会网络实证分析的研究（e.g., Haas, 2010; Oh, Labianca, & Chung, 2006）；（2）以高管团队或者董事会为主要分析对象，关注组织层面的效能、变革等效标的研究（e.g., Heavey & Simsek, 2015; Krackhardt & Stern, 1988）；（3）仅关注团队领导的外部社会网络与团队成员态度、行为和绩效关系的研究（e.g., Venkataramani, Green, & Schleicher, 2010; Venkataramani, Richter, & Clarke, 2014）。最后，我们还回顾了过往有关团队内外部社会网络视角下的团队研究的6篇文献综述（i.e., Grosser, Park, Mathieu, & Roebuck, 2019; Henttonen, 2010; Katz, Lazer, Arrow, & Contractor, 2004, 2005; Park, Grosser, Roebuck, & Mathieu, 2020; Wölfer, Faber, & Hewstone, 2015），避免遗漏重要的文献。

基于以上过程，最终有29篇文献符合筛选标准，被纳入我们的文献回顾范围。在表2-1中，我们列出了9篇代表性文献，以及这些文献关注的团队外部网络变量及其操作方式、研究分析水平与主要发现。

表 2-1 团队外部网络代表性研究及其主要发现

研究	团队外部网络变量	网络变量操作方式	分析水平	主要发现
Hansen (1999)	自变量：团队外部网络连接强度	以团队为网络节点；全名单法	团队	(1) 当被迁移知识的编码程度和独立性高时，团队外部网络连接强度与团队效率正相关；(2) 当被迁移知识的编码程度和独立性低时，团队外部网络连接强度与团队效率负相关
Manev & Stevenson (2001)	自变量：管理者在工作单元外部网络中的度出中心性	以成员为网络节点；提名法	个体	(1) 管理者层级与工作单元外部网络连接数量和连接导向正相关；(2) 管理者在工作单元外部网络中的度出中心性和其在工作单元内影响力正相关；(3) 工作单元内外部网络数量相对平衡的管理者在工作单元内影响力更高
Reagans, Zuckerman, & McEvily (2004)	中介变量：团队外部网络范围	以成员为网络节点测量之后加总到团队水平；提名法	团队	团队职能背景的多样性对团队绩效的双刃剑作用可以从社会网络视角解构：一方面会增加团队外部网络范围，另一方面会降低团队内部网络密度
Shah, Dirks, & Chervany (2006)	自变量：团队在外部网络中的中介中心性	以成员为网络节点测量之后加总到团队水平；全名单法	团队	(1) 当团队内建设性冲突水平较高时，团队内部网络密度和团队效能正相关；(2) 当团队在外部网络中的中介中心性较高时，团队内部网络密度和团队效能正相关

续表

研究	团队外部网络变量	网络变量操作方式	分析水平	主要发现
Singh, Tan, & Mookerjee (2011)	自变量：(1) 团队外部网络密度；(2) 团队外部网络连接的技术多样性	以团队为网络节点；全名单法	团队	(1) 团队内部网络密度和团队知识创造比率正相关；(2) 团队外部网络密度和团队知识创造比率呈倒 U 型关系；(3) 团队外部网络连接的技术多样性和团队知识创造比率呈倒 U 型关系
Tsai (2001)	自变量：团队在外部网络中的入度中心性	以团队为网络节点；全名单法	团队	(1) 团队在外部网络中的入度中心性和团队创新正相关，但和团队绩效没有关系；(2) 团队吸收能力和团队创新与团队绩效都正相关；(3) 当团队吸收能力高时，团队在外部网络中的入度中心性和团队创新的正相关关系更强；(4) 当团队吸收能力高时，团队在外部网络中的入度中心性和团队绩效的正相关关系更强
Zou & Ingram (2013)	自变量：成员在组织外部网络中的结构洞数量	以成员为网络节点；提名法	个体	(1) 成员在组织外部网络中的结构洞数量和个人创造力及决策质量正相关；(2) 成员在组织内部网络中的结构洞数量和个人任务执行及在团队工作中的表现正相关
殷家山 (2011)	自变量：团队外部非正式管理网络多样性	以成员为网络节点测量之后加总到团队水平；提名法	团队	(1) 团队内部非正式关系网络闭合性与团队效能呈倒 U 型关系；(2) 团队外部非正式管理网络多样性与团队效能呈正相关关系；(3) 团队内部非正式关系网络中领导所处位置的度数中心性与团队效能呈倒 U 型关系

续表

研究	团队外部网络变量	网络变量操作方式	分析水平	主要发现
张祎（2014）	自变量：成员的团队外部网络中的中介中心性 调节变量：（1）成员的团队外部网络经纪人角色；（2）成员在整体网络中的顾问角色	以成员为网络节点；提名法	个体	（1）在信息获取阶段，个体在团队外部网络中的中介中心性对其创造力有积极影响，且个体在团队外部网络中的经纪人角色特征、顾问角色特征越强，这种积极影响越弱；（2）在信息转化阶段，个体在团队内部社会网络中的中介中心性对其创造力有积极影响，且个体的团队外经纪人角色特征、顾问角色特征越强，这种积极影响越强

从表2-1中我们可以看出，以往研究关注团队外部社会网络的中心性、多样性、结构洞等节点层面的变量，连接强度、第三方位置等连接层面的变量，以及密度、中心度等全网层面的变量。此外，以往研究主要采用向被试提供全体网络成员名单和由被试根据回忆提名两种方法来收集社会网络数据并计算相关变量。最后，多数研究的分析聚焦于团队水平，考察了外部社会网络结构特征和团队效能的关系。值得一提的是，过往这些团队外部社会网络实证研究有的是以团队整体作为网络节点来分析的，而有的是以团队成员作为网络节点来分析的。不同对象作为节点，与之对应的网络连接的内涵就会不同，讨论网络对于团队互动和效能的效应的关注点也会不一样。根据不同研究所关注和分析的网络节点的不同，我们在下文中从团队整体外部网络和成员个人外部网络两部分来回顾以往文献。

2.2.1　团队整体外部网络特征

对组织内团队间网络的研究源于现代组织特别是知识型组织广泛采用团队作业模式的管理实践变迁。如前所述，这类组织中的团队通常相对独立地获取资源并开展工作。然而，团队并不能通过内部学习或试错产生完成任务和实现目标所需的所有资源和知识。由此，从组织内的其他团队学习和迁移知识成为团队取得卓越效能的关键因素。围绕团队间知识迁移的前置因素及其对团队效能的作用这一现代组织中广泛存在的重要问题，以哈佛大学的 Morten Hansen 和宾夕法尼亚州立大学的 Wenpin Tsai 为代表的学者，开展了一系列研究。Hansen（1999）发现，虽然团队外部社会网络连接可以作为知识迁移的渠道帮助团队获取异质性的知识资源并由此提升团队效率，但是团队外部社会网络连接强度和团队效率的关系取决于被迁移知识的编码程度和独立性。当被迁移知识的编码程度和独立性高时，团队外部社会网络连接强度与团队效率正相关；而当被迁移知识的编码程度和独立性低时，团队外部社会网络连接强度与团队效率负相关。此后，Hansen 及其同事（e.g.，Hansen，2002；Hansen，Mors，& Løvås，2005）进一步发现团队在外部社会网络中的接近中心性、入度中心性和出度中心性同团队从外部获取的知识量及团队效率正相关——特别是在被迁移知识的编码程度较低时；而焦点团队和其他团队之间的竞争强度以及团队外部社会网络规模则会增加团队外部知识搜索和迁移的成本，降低团队间知识迁移发生的可能性。

Tsai（2002）的研究也发现团队间的社会网络互动强度和团队间知识迁移正相关。但是，与 Hansen 等人（2005）的发现不同的是，Tsai 发现当团队间竞争强度较高时，上述正相关关系更强，对此的解释是团队间的竞争提升了团队之间互通有无、相互学习的必要性，由此强化了二者间关系。此外，Tsai 及其同事（e. g.，Tsai，2000，2001；Tsai & Ghoshal，1998）还进一步将团队外部社会网络关系特征跟团队绩效和团队创新联系起来。例如，Tsai（2001）发现当团队的吸收能力较强时，团队在外部社会网络中的入度中心性和团队绩效及创新都正相关。而 Tsai 和 Ghoshal（1998）则进一步打开了过程机制，他们的研究发现焦点团队在外部互动网络中的中介中心性通过其被其他团队的信任和可信度以及其与其他团队的资源交换整合，与团队产品创新正相关。与 Tsai（2001）的发现不同的是，陈公海（2008）的研究发现团队外部咨询网络的入度中心性与团队产品创新绩效负相关，而出度中心性与产品创新绩效正相关。他对此的解释是，入度中心性高的团队，往往疲于应付其他团队的询问、请求，从而降低了自身的产品创新绩效。而出度中心性高的团队，通常频繁地向外部的团队请求帮助、征求建议，从而获得较多的信息、知识等资源，进而会促进产品创新绩效。除了关注团队外部社会网络的中心性和连接强度等结构特征，Singh，Tan 和 Mookerjee（2011）还考察了团队外部社会网络的技术多样性和网络密度与团队创新之间的关系。他们的研究发现，团队外部网络密度以及连接的技术多样性和团队知识创造比率都呈倒 U 型关系。

总之，以往团队整体外部网络的多数研究发现，网络的中心性、多样性等节点层面的变量，连接强度等连接层面的变量，以及密度、规模等全网层面的变量，均和团队间知识迁移及团队创新正相关。此外，有的研究还探讨并发现上述关系是情境权变的。

2.2.2　成员个人外部网络特征

根据研究的分析水平，成员个人外部社会网络特征的研究又可以进一步分为团队水平研究和个体水平研究。以往团队水平的研究，多数是通过全名单法或者提名法测量团队成员的外部社会网络，然后加总到团队层面进行分析。例如，有研究发现团队外部社会网络连接的多样性和团队创造力正相关（e. g.，Han，Han，& Brass，2014；Perry-Smith & Shalley，2014）。然而，Oh，Chung 和 Labianca（2004）的研究却发现团队外部社会网络连接的多样性与团队绩效没有关系。两项研究结论不一致，可能源于关注的效标不同：前者关注团队创造力，从外部多样性的社会网络连接中获得的异质性资源至关重要；而后者关注团队绩效，过高的团队外部社会网络异质性可能会对团队任务执行造成阻碍——Reagans 和 Zuckerman（2001）揭示了这一机理。除了连接的多样性，Shah，Dirks 和 Chervany（2006）还发现团队在外部社会网络中的中介中心性可以调节团队内部社会网络密度和团队效能的关系：当团队在外部社会网络中的中介中心性较高时，团队内部社会网络密度和团队效能正相关。

除了节点层面的外部社会网络构型，还有研究关注了网络连接强度这一连接层面的特征和网络范围这一全网层面的特征。例如 Baldwin，Bedell 和 Johnson（1997）在理论部分假设团队外部负面网络（negative network）连接强度与团队绩效负相关，结果却意外地发现两者具有正相关关系；对此的解释是外部的负面关系会使团队成员更具凝聚力并由此提升团队绩效。此外，Chung & Jackson（2013）的研究发现，团队成员外部沟通网络连接的平均强度和团队绩效正相关；并且当团队任务的常规性较低时，团队成员外部沟通网络连接的平均强度和团队绩效之间的正相关关系更强。有关团队外部社会网络范围的效应，Wong（2008）的研究发现，团队外部社会网络范围可以增加团队内部知识的多样性，提升团队效能。而 Reagans 等人（2004）则创造性地从社会网络视角解构了团队成员职能背景的多样性对团队效能的双刃剑效应：团队职能背景一方面会扩大团队外部社会网络范围，增加团队可获取知识的多样性并提升团队绩效；但另一方面会降低团队内部社会网络密度，削弱团队内部信息流通和任务执行的效率从而降低团队绩效。

除了团队水平的分析，还有少量研究关注了团队成员个人的外部社会网络特征与他在团队内工作相关的认知、态度、行为和绩效的关系。例如 Labianca，Brass 和 Gray（1998）的研究发现，团队外部负面网络直接连接和间接连接的数量都与感知到的团队外部冲突正相关，而团队外部有利网络间接连接数量与感知到的团队外部冲突负相关。Mäkelä 和 Brewster（2009）则分类讨论了不同形式的团队外部社会网络连接数量的效应。他们的研究发现，相比于团队间会议和项目小组形式，跨团队临时小组和成员跨团队流动与团队间人际信任及共享认知正相关关系更强；其中，成员跨团队流动的积极效应最强。此外，人际信任和共享认知在跨团队临时小组和成员跨团队流动与团队间知识迁移的正相关关系中起中介作用。除了成员个人外部社会网络的连接数量，还有研究关注了成员个人在团队外部社会网络中的中心性。例如 Manev 和 Stevenson（2001）的研究发现管理者在工作单元外部网络中的度出中心性和其在工作单元内的影响力正相关，而张祎（2014）则发现成员在团队外部网络中的中介中心性与其创造力正相关，但成员在团队外部网络中的经纪人角色特征、顾问角色特征越强，这种正相关关系越弱。

相比于将成员个人外部社会网络加总到团队水平进行分析的研究，个体水平的研究独有的特征是成员在外部社会网络中的结构洞数量。Zou 和 Ingram（2013）发现成员在工作单元外部网络中的结构洞数量同个人创造力及决策质量都正相关。Balkundi，Wang 和 Kishore（2019）则从动态网络的角度考察成员在团队外知识搜寻网络中的结构洞数量与其后续网络连接数量的增长和消亡的关系。他们的研究发现，成员在团队外知识搜寻网络中的结构洞数量和他新增的团队内知识搜寻网络连接数量、减少的团队外知识搜寻网络连接数量分别正相关。最后，有关网络连接强度这一连接层面的特征，Dokko，Kane 和 Tortoriello（2014）的研究发现，当成员与团队外部网络连接强度较高时，他对团队的认同和他被团队外部网络连接激发的创造力之间的负相关关系被削弱。类似地，Lomi，Lusher，Pattison 和 Robins（2014）也研究了团队认同和跨越团队边界网络连接的关系。他们发现团队成员组织认同水平与其团队外部建议网络连接数量正相关，团队成员团队认同水平与其团队外部建议网络连接数量负相关。

总之，以往团队成员个人外部网络的多数研究发现，网络的中心性、多样性、结构洞数量等节点层面的变量和连接强度等连接层面的变量，与团队效能以及个人认知、态度、行为和绩效均有显著关系。此外，有的研究还探讨并揭示了上述关系是情境权变的。

2.2.3　文献述评

从以上文献回顾中，我们可以看到团队外部社会网络的研究在过去 30 年间经历了长足的发展。我们将上述研究发现的整体图谱整理在图 2-2 中。从中可以看出，无论是团队整体外部网络还是成员个人外部网络，学者们都研究了网络的中心性、多样性等节点层面的变量，及连接强度等连接层面的变量。整体外部网络研究独有关注的变量是团队外部网络密度、规模等全网层面的变量，而成员个人外部网络研究独有关注的变量是结构洞数量。这些研究发现，团队外部社会网络特征与团队效能以及个人认知、态度、行为和绩效均有显著关系。尽管这些研究对于我们理解团队外部社会网络特征与团队效能的关系及其机制具有重要意义，但是当前文献仍然存在以下三方面的不足，有待后续研究的改进和发展。

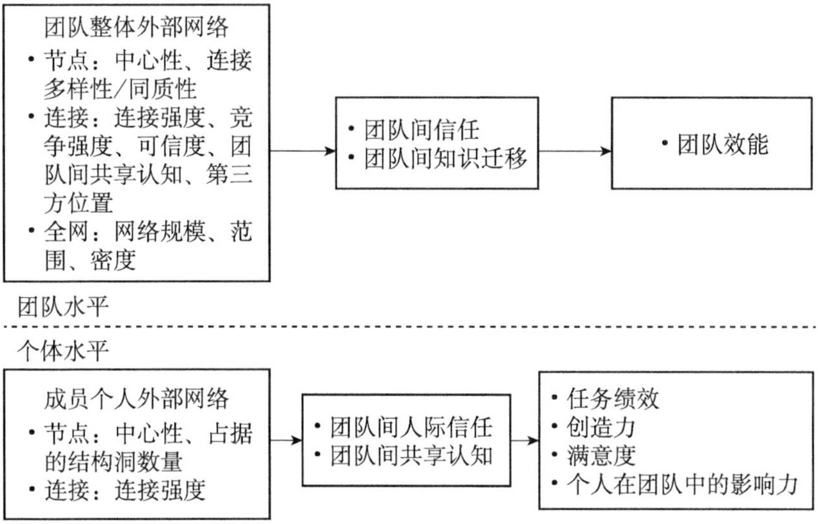

图 2-2 团队外部社会网络研究整体图谱

第一，当前多数研究还是假定团队成员的外部社会网络的特征是相互可替代和可加总的，忽略了每个团队成员的个人外部网络都有可能对团队互动和团队效能产生不均衡效应的事实。以往的多数研究要么直接测量团队整体外部网络的特征，要么将团队成员个人外部网络特征加总到团队，然后分析其对团队效能的影响。但是，我们从上面的回顾中看到，仍有少量研究揭示了团队成员个人的外部社会网络特征可能对其在团队内的行为和互动产生不均衡的影响（e. g.，Manev & Stevenson，2001；Zou & Ingram，2013；张祎，2014），而这些不均衡的影响是否又会进一步影响团队效能，这是未来研究需要进一步探讨的。

第二，当前多数研究都发现了团队外部网络结构特征和团队效能的正相关关系，但是对于这种正相关关系发生的作用机理还不够深入。以往的研究中，无论是团队整体外部社会网络的研究（e. g.，Tsai & Ghoshal，1998），还是成员个人外部社会网络的研究（e. g.，Mäkelä & Brewster，2009）都揭示团队外部社会网络可能通过团队间的知识迁移作用于团队效能。但是，这些研究无论是理论上还是实证上都把知识迁移作为一种团队间知识资源流动的结果来看待，对于这种知识资源的流动究竟是由谁以何种行为来完成的却语焉不详。而从前文团队效能研究综述中我们知道，团队成员的边界跨越行为作为一种团队及其成员主动管理与外部环境关系的典型行为，亟须研究。因此，我们认为未来研究应整合团队外部社会网络研究和团队边界跨越行为研究，并探讨团队成员的边界跨越行为在团队外部社会网络特征和团队效能关系中所发挥的作用。

第三，当前多数研究都持结构决定主义的观点，认为团队外部社会网络会促进或者限制团队及其成员取得卓越效能的可能性，但是较少考虑团队成员自身的能动性在充分识别和利用网络构型所带来的效用中的作用。发轫于社会学研究传统的社会网络视角通常认为个体成员在网络中的位置及其效用是基于整个社会网络系统中的"同质相吸"（homophily）原则形成的，不受个人意志的影响。然而，近期越来越多的研究表明团队成员所具有的个体特质在其对优势性社会网络构型提供的资源的调动和利用的过程中扮演了重要角色（e. g.，Anderson，2008；Baer，2010；Reinholt et al.，2011）。正如社会网络研究领域的领军学者 Tiziana Casciaro 和 Martin Kilduff 等人（e. g.，Casciaro et al.，2015；Kilduff & Lee，2020）在新近的综述中呼吁的，未来研究应当进一步整合网络视角和行为视角，充分考察成员个人的能动性因素在识别和调用网络资源中的作用。

2.3　团队边界跨越行为研究进展：概念、前因、效应与理论视角

正如文献述评中提到的，现实组织中的团队越来越呈现开放化的趋势。与这一趋势相一致，在过去 30 年间团队边界跨越行为的研究迅速增长。值得一提的是，在这些研究中，不仅有实证研究，还有若干文献综述（e. g.，Dey & Ganesh，2017；Joshi，Pandey，&

Han，2009；Marrone，2010；魏雨宸，金国华，李铭泽，2018；薛会娟，2010）。这为我们尽可能详尽地了解当前研究主题提供了很好的参考资料。我们以这些文献综述的参考文献列表为基础，在中英文数据库中做了补充搜索。特别地，我们在 Web of Science 和 Scopus 两大综合性英文文献数据库中，以“team OR group”“boundary”“spanning”为并列检索关键词，以标题、摘要和关键词为检索字段，检索了相关英文文献。类似地，我们在中国知网这一综合性中文文献数据库中，以“团队”“边界”“跨越”为并列检索关键词，以标题、摘要和关键词为检索字段，检索了相关中文文献。此后，鉴于我们关注的文献是团队边界跨越行为和团队互动及效能关系的相关研究，我们对检索结果进行人工筛选，剔除了以下几类研究：(1) 标题、摘要或者关键词中虽然提及了团队边界跨越，但是正文中并未将相关构念纳入实证分析的研究；(2) 以高管团队或者董事会为主要分析对象，关注组织层面的效能、变革等效标的研究；(3) 仅关注团队领导的边界跨越行为与团队成员态度、行为和绩效关系的研究。基于以上过程，我们形成了本研究的文献回顾范围。在下面的小节中，我们将从团队边界跨越行为的构念和测量、前因研究、效应研究和理论视角等几个方面对以往文献进行回顾。

2.3.1 团队边界跨越行为概念与测量

边界指的是“在物理、时间或认知上将不同领域区隔开来并在领域内定义其构成的界限”(Kreiner，Hollensbe，& Sheep，2006，p. 1318)。在一个系统中，边界将某个实体和它所处的环境区隔开来，并定义了组成该实体的过程 (Schneider，1987)。本研究关注的边界是团队边界，它是组织内不同功能的工作单元之间的界限。然而，作为一个社会系统，团队边界不仅仅是将团队与其所处运行环境区隔开来的客体性概念，它还是一种心理性感知，表征了团队与环境交互的界面 (Scott，1992)。这种观点一方面将团队边界看作保护团队免受外部干扰和侵害的“防护墙”(perimeter)，另一方面把团队边界看作团队从外部获取资源和信息的“前线” (frontier)

(Yan & Louis，1999)。鉴于团队边界兼具“防护墙”和“前线”的特征，在本研究中我们采用 Yan 和 Louis（1999）的定义，将团队边界界定为“团队为了生存和发展，与外部环境交互的界面”。在这个定义中，所谓“外部环境”指的是不属于焦点团队的其他个体、团队等利益相关者，它们可能和焦点团队属于同一个组织，也有可能和焦点团队分属不同组织。

对于边界跨越行为的研究最早可以追溯到 Thompson（1967）的 *Organizations in Action*：*Social Science Bases of Administrative Theory*。在这本开创性的著作中，Thompson 指出随着组织中的运作单位在结构上的日益分化和功能上的不断专业化，不同运作单元之间将面临沟通障碍。为了克服组织内不同运作单元在沟通上的困难，Thompson 建议组织可以通过设立边界跨越者的方式来促进信息在不同运作单元之间流动，并认为这种非正式的沟通渠道可以作为基于层级的正式沟通渠道之外的有利补充。基于这一思想，Allen 和 Cohen（1969），Aldrich 和 Herker（1977）以及 Tushman（1977）等学者开始探究组织内运作单元对外的技术性沟通（一种特定形式的团队边界跨越行为）对于运作单元绩效的作用。这些研究总体上都发现了对外的技术性沟通的频率与运作单元的绩效存在正相关关系；特别地，当运作单元的任务特征和组织环境要求它更多地开展对外沟通时，上述正相关关系更强（e. g.，Morrow，1981；Tushman，1979）。

而对于组织内团队边界跨越行为的研究直到 20 世纪 80 年代末 90 年代初才出现。在 Aldrich 和 Herker（1977），Katz 和 Tushman（1979）以及 Malone（1987）等探索性研究的基础上，Ancona 及其同事尝试系统总结团队边界活动的类别及其之间的关系。通过深入考察项目团队在项目进程中的边界活动，Ancona 和 Caldwell（1992）率先对团队边界跨越行为做出分类学划分，将团队边界跨越行为分为使节行为（ambassador activities）、任务协调行为（task coordinator activities）、侦察行为（scout activity）以及守卫行为

(guard activities) 四类。尽管 Ancona 和 Caldwell (1992) 提出的分类学及其测量在领域内有里程碑意义，但是后续研究却较少明确讨论不同类型的团队边界跨越行为。相反，多数研究把团队边界跨越行为当作一个单维构念来考虑 (e.g.，Edmondson，2003；Faraj & Yan，2009；Hirst & Mann，2004；Marrone，Tesluk，& Carson，2007)，并将其定义为“团队成员为了响应和管理与外部环境的关系，与外部对象建立联系和发生互动的行为” (Marrone，2010；Marrone et al.，2007)。尽管如此，Ancona 和 Caldwell 在 20 世纪 90 年代对团队边界跨越行为的概念化工作引起了学术界广泛的关注，后续的研究相继针对团队边界跨越行为前因及对团队效能的影响进行了深入探究。

2.3.2 团队边界跨越行为的前因研究

虽然团队边界跨越行为是定义在团队水平的构念，但是具体的活动是源自团队内部成员代表团队行使的个体行为 (Marrone，2010)。因此，以往研究从个体和团队水平分别就团队边界跨越行为的前因做了不少有益的探索。

个体水平前因研究。在个体水平，以往研究主要从背景经历、动机因素和领导行为三方面考察了它们对成员个人边界跨越行为的作用。鉴于边界跨越涉及与外部的其他团队或部门的互动，缺乏足够的经验或者知识有可能难以有效开展此类活动，所以以往研究考察了团队成员的工龄或者经验的作用。例如，Ancona 和 Caldwell (1990)，以及 Tushman 和 Scanlan (1981a，1981b) 等早期经典研究均发现在团队内有更长工龄和更多经验的个体更容易成为边界跨越者。而近期 De Vries 等 (2014) 的研究表明，个体的多部门任职经历可以提升其人际认知复杂性 (cognitive complexity)，从而帮助个体更好地“理解、预测和评价人际互动对象的行为”，最终将促进团队间的任务协调 (边界跨越行为的一种具体表现形式)。此外，考虑到边界跨越行为体现一定的主动性和强势性，在大众对于性别角色的预期中更多地属于男性应当承担的行为，所以以往研究也发现相比于女性，男性更有可能开展边界跨越行为（e.g.，Johlke，Stamper，& Shoemaker，2002）。

由于边界活动是一项需要个体付出大量努力且存在人际风险的活动（Aldrich & Herker，1976；Marrone et al.，2007），所以团队成员的动机因素对于其是否会开展边界跨越行为具有重要影响。例如，Marrone等（2007）发现，个体对于承担边界跨越行为的责任感和效能感以及团队整体的外部聚焦导向都能积极预测团队成员的边界跨越行为。此外，由于高水平的自我监控可以使个体在组织工作中更好地管理人际关系，因此可以很好地预测团队成员的边界跨越行为。Marrone（2004）以及Mehra和Schenkel（2008）的研究均证实了自我监控人格特质与团队边界跨越行为之间的正相关关系。鉴于边界跨越行为要求团队成员在做好团队内部本职工作之外跨越边界与外部联系，所以成员的主动性人格特质也是边界跨越行为的重要预测变量，Marrone（2004）的研究发现证实了这一点。最后，张辉、白长虹和陈晔（2012）的研究发现团队成员的心理所有权会影响其外部代表行为，而满意感则起了中介作用。

领导行为历来都是影响团队成员的重要因素，对于团队边界跨越行为也不例外。例如，Ancona（1990）发现领导采取的外部导向策略——例如为团队成员提供外部活动支持，以帮助员工了解团队外部环境——可以有效地促进成员开展边界跨越活动。而近年来有不少研究探讨了具体的领导风格对于团队成员边界跨越行为的影响。例如，张华磊、袁庆宏、王震和黄勇（2014）发现授权型领导风格会积极影响研发团队成员的边界跨越行为，而指示型领导则会消极影响研发团队成员的边界跨越行为。邓志华（2018）则发现谦卑型领导通过团队成员的心理授权对于其边界跨越行为具有显著的正向影响。最后，韩宏稳（2018）考察了家长式领导的三个维度对于团队成员边界跨越行为的作用，结果显示仁慈领导和德行领导都会促进成员的边界跨越行为，威权领导则会抑制成员的边界跨越行为。

团队水平前因研究。相比于在个体水平的前因探索，团队边界跨越行为在团队水平的前因研究积累了较为丰富的研究证据。以往学者主要从团队领导特征、团队内部特征以及团队任务特征等三个方面探究它们对团队边界跨越行为的影响。早期系列研究证据表明，指导型领导可以提升团队成员的外部导向，鼓励团队成员积极主动地向外探索，从而有效促进团队的边界跨越行为（Ancona，1990；Edmondson，2003；Tesluk & Mathieu，1999）。而在近期，Cha 等（2015）的研究发现，变革型领导可以通过提升团队内部过程的质量来促进团队的跨边界合作行为。类似地，国内学者石冠峰及其同事（e. g.，石冠峰，杨高峰，2015；徐兵，石冠峰，2014）也发现了变革型领导对于团队边界跨越行为具有积极作用。与关注领导风格不同，刘松博（2013）关注了团队领导自身的行为。他发现了团队领导的双向学习——同时包含内部学习和外部学习的行为——对于团队成员的双向学习的积极作用。除了领导风格和领导行为，还有研究考察了领导特质对于团队边界跨越的影响。例如，丁晓斌和李志刚（2016）发现团队领导的情绪智力对于团队边界跨越行为具有积极影响，而且这种影响在团队宽容氛围高时更强。

此外，团队的内部特征对于团队边界跨越行为也具有重要影响。不少研究发现，任期多样性、职能多样性等信息属性的多样性能够积极促进团队边界跨越行为（Ancona & Caldwell，1992；Drach-Zahavy，2011；Joshi et al.，2009；Somech & Khalaili，2014）。这是因为，团队成员工作相关的多样性可以提升团队面向不同类型的外部对象开展边界跨越的可能性。鉴于团队构成属性的重要影响，Ancona 和 Caldwell（2009）在他们的概念性述评中指出团队可以通过改变其构成属性来加强与外部的联系。除了这些构成属性，团队内部共享的氛围或动机等“涌现状态”对团队边界跨越行为亦具有重要影响。例如，Edmondson（1999）的研究表明，高水平的团队心理安全氛围可以降低成员感知到的人际风险，由此促进其边界跨越行为。而 Richter，West，van Dick 和 Dawson（2006）则从社会身份视角考察了团队边界跨越。他们的研究发现，团队认同会导致团队成员出于维护自身身份认同的需要而避免开展边界跨越；然而，当团队成员同时具有高水平的组织认同和高水平的群际接触时，团队认同和团队边界跨越之间具有正相关关系。

最后，以往研究还讨论了团队任务特征的作用。Joshi 等（2009）强调，在不同的任务发展阶段，团队卷入的边界跨越行为的种类和程度不同。在转换阶段（transition stage），团队的主要任务是基于团队过往工作执行的表现思考需要争取何种支持以便更好地在下一阶段开展工作。而代表性（representative）边界跨越行为可以帮助团队获取必要的外部关注和支持。因此，团队在转换阶段更有可能开展代表性边界跨越。而在执行阶段（action stage），团队的主要任务是基于既定计划执行团队工作，例如监控进展、协调配合等。而协调性边界跨越行为可以帮助团队获得完成团队工作、实现团队目标的必要资源。因此，团队在执行阶段更有可能开展协调性边界跨越。类似地，Somech 及其同事则论述了团队间任务互依性和目标互依性高低不同时，团队开展的边界跨越行为类型亦有差异（Drach-Zahavy & Somech，2010；Somech & Khalaili，2014）。当团队间的任务和目标互依性都低时，团队更有可能开展边界紧缩行为；当团队间的任务互依性低而目标互依性高时，团队更有可能开展边界缓冲行为；当团队间的任务互依性高而目标互依性低时，团队更有可能开展信息侦察行为；当团队间的任务和目标互依性都高时，团队更有可能开展外部协调行为。

尽管这些研究发现丰富了我们对于团队边界跨越行为前因的认识，但如前所述，团队边界跨越行为是团队及其成员旨在响应及管理与外部环境关系的行为，而以往多数研究在讨论其前因时却将团队作为一个封闭系统，较少地考虑团队及其成员的外部关系对于团队成员边界跨越行为的影响。从上文有关团队效能和团队外部社会网络的研究回顾中我们可以看出，团队外部社会网络关系及其构型在很大程度上会促进或者限制团队成员开展边界跨越行为的可能性，未来研究应从这个角度进一步探索。

2.3.3 团队边界跨越行为的效应研究

类似于前因研究，以往文献对于边界跨越行为的效应研究也从个体和团队水平做了不少有益的探索。这些研究的结论在整体上反映了一个有趣的结论：虽然边界跨越行为对于团队效能大有裨益，但是对于个人绩效和满意感却有消极作用。

个体水平效应研究。对于团队成员的个体水平效应研究，虽然有少量研究揭示边界跨越行为能够帮助成员获取重要信息资源从而提升其在团队中的影响力（Liu，Jiang，Chen，Pan，& Lin，2016），继而促进个人绩效（刘松博，李育辉，2014），但是当前文献主要侧重于探讨其负面结果。鉴于从事边界跨越的团队成员既要做好团队内部本职工作，又要面向外部开展额外的互动，这些成员不可避免地会面临时间、精力等资源紧张的局面，由此会造成角色过载（role overload）、情绪耗竭（emotional exhaustion）等问题。例如，Marrone 等人（2007）的研究就发现团队成员的边界跨越行为与其经历的角色过载正相关。Windeler，Chudoba 和 Sundrup（2017）则发现，频繁地与边界之外的群体互动会使团队成员遭遇情绪耗竭。进一步地，这些负面的过程又会导致团队成员个人绩效和满意感的降低。Teigland 和 Wasko（2003）的研究证实了过高的外部互动会降低团队成员的个人绩效。而刘小娟、邓春平、王国锋、潘绵臻（2015）则区分讨论了事务性边界跨越活动和学习性边界跨越活动，结果表明：事务性边界跨越活动显著影响角色过载，后者会导致团队成员工作满意感的降低；而学习性边界跨越活动对角色过载的影响不显著，但对知识获取有显著促进作用，而后者又能提升团队成员工作满意感。

团队水平效应研究。自概念提出伊始，团队边界跨越行为就被认为是团队效能的重要预测指标，这一论述也得到了实证研究的广泛支持。例如，Marrone 等（2007），Mathieu 等（2007），Faraj 和 Yan（2009），De Geest 等（2016）大量研究先后发现团队边界跨越行为与团队绩效、团队活力等团队效能的常见指标具有显著的正相关关系。此外，还有少量研究讨论了团队边界跨越行为对团队创新绩效的影响（e. g., Ancona & Caldwell，1992；Somech & Khalaili，2014；奉小斌，2012；袁庆宏等，2015）。根据 Marrone（2010），团队边界跨越行为之所以能够提升团队效能，是因为它能够促进团队与外部环境的信息交换与协调，并为团队获得完成任务必需的资源和支持。

与这一解释逻辑相一致，少量研究检验了团队边界跨越行为-团队效能关系的中介机制。例如，Mathieu 等（2007）探究了团队过程特征在跨团队间任务协调与团队绩效之间的中介作用。而 Faraj 和 Yan（2009）则讨论了一种更具体的涌现状态——团队心理安全氛围——在三类不同团队边界跨越行为与团队绩效关系之间的中介作用。遗憾的是，上述两个实证结论都没有支持研究者的假设。近期，袁庆宏等（2015）以团队反思为中介，探究了团队边界跨越行为对于团队创新的作用。研究结果证实了团队反思的中介作用，并且发现团队边界跨越行为对于团队反思的效应是非线性（倒 U 型）的，团队反思的中介效应随着团队边界跨越行为的增加经历了先增长后减少的过程。

此外，尽管目前积累的多数定量实证研究证据支持了团队边界跨越行为对于团队效能指标的积极作用，但亦有部分证据表明团队边界跨越行为可能会在特定情境下产生消极作用。事实上，在 Ancona 及其同事早期的研究中就发现了过度的外部信息搜索行为会降低团队的效率，并破坏团队成员的凝聚力和满意感（Ancona，1990；Ancona & Caldwell，1992）。类似地，Marrone 等（2007）的多水平研究发现，参与边界跨越行为会导致个体角色过载，而团队水平的团队角色过载会降低团队活力（team viability）。而近期的研究，例如 Gibson 和 Dibble（2013），袁庆宏等（2015）的研究发现过度的团队边界跨越行为会导致团队内部过程损失，破坏团队效能。

综合上述文献，我们发现虽然以往有关团队边界跨越行为和团队效能关系的研究取得了丰富的成果，但是仍然存在不对称的格局：首先，多数研究关注了加总到团队水平的边界跨越行为和团队效能的关系，或者探讨了个体成员的团队边界跨越行为对于其自身动机或行为的作用，然而对于个体成员的团队边界跨越行为和团队效能间的关系却知之甚少。其次，在讨论团队边界跨越行为-团队效能关系时，大部分研究都是关注其主效应，对于两者间关系的过程机制及其边界条件却较少讨论，仅有少量研究指出团队边界跨越行为如何以及何时会促进团队效能仍然是一个黑箱。鉴于此，未来研究应回归团队边界跨越是团队成员个体代表团队实施的外部导向行为这一本质，进一步探讨团队成员在什么样的条件下会通过何种团队内部互动过程影响团队效能。

2.3.4 以往研究理论视角：结构权变、资源分配与社会身份

在团队边界活动兴起与发展的近 30 年中，该领域的学者采用不同理论视角来研究团队边界活动。经过系统检索并回顾 20 世纪 90 年代以来的团队边界活动研究，我们总结出以往研究中主导的理论视角是关注团队与环境之间匹配关系的结构权变视角（structural contingency view），关注团队内外部活动之间分配竞争关系的资源分配视角（resource allocation perspective）以及关注团队成员在团队边界活动中身份认同的社会身份视角（social identity approach）。需要说明的是，由于多团队系统（multiteam system）研究关注的是多团队系统的效能而非团队水平的效能（Zaccaro，Marks，& De-Church，2012），故我们未将它囊括在当前的总结和综述中。

结构权变视角。基于这个视角的研究认为，团队的效能取决于组织策略与环境特征之间的匹配程度（Choi，2002；Thompson，1967）。由此出发，团队边界活动研究的学者考察了环境特征与不同的团队边界活动类别间的关系，以及影响团队边界活动发挥作用的情境权变因素。遵循“结构决定功能”的理念，Choi（2002）在其关于团队外部活动的理论文章中指出，环境特征、外部依赖程度等结构权变因素决定了团队边界活动对团队效能的影响。举例来说，当

团队处于多样的、不确定的环境中，或者团队外部依赖程度高时，团队需要依靠更多的边界活动来维持与环境的有效互动，从而提升团队效能。

基于上述理论观点，Faraj 和 Yan（2009）、Gibson 和 Dibble（2013）分别在实证研究中检验了环境和任务特征对团队边界活动与团队效能之间关系的调节作用。Faraj 和 Yan（2009）通过对 64 个软件开发团队的问卷调查分别检验了任务不确定性和资源稀缺性对团队边界跨越行为和团队任务绩效之间关系的调节作用。他们发现，当团队的资源稀缺程度低的时候，团队边界跨越行为积极影响团队绩效；而当团队的资源稀缺程度高的时候，团队边界跨越行为消极影响团队绩效。这暗示着在资源并不充沛的环境中，边界跨越对团队可能是一种负担而非裨益。Gibson 和 Dibble（2013）对 140 个电影制作团队的问卷调查进一步发现团队边界跨越活动（具体指与外部群体互动来帮助团队应对财务、任务进程、技术、人才等方面的挑战）对团队效能“过犹不及”的作用，即中等水平的团队边界跨越活动对团队效能的影响更为积极。研究者进一步验证了团队永久性、成员流动性和环境动荡性对这一倒 U 型关系的调节作用。值得注意的是，当团队永久性低、流动性高、环境动态性高的时候，这一倒 U 型关系才显著。这个结果启示我们也许在动态的团队情境下，边界跨越行为才能展现出其对团队效能的重要影响。

资源分配视角。不同于结构权变视角对团队-环境二元关系的关注，资源分配视角的研究关注团队内外部活动之间的资源竞争关系。诚然，团队边界活动能帮助团队有效地与环境互动、响应外部需求，但是团队的资源（时间、精力、人力等）总量是有限的，团队将有限的资源分配给内部或外部活动，意味着另一种活动的可用资源将减少（Bergeron，2007；Kanfer & Ackerman，1989）。资源分配视角下的研究从这一竞争关系出发，认为过多的外部活动会占用保证团队内部合理运行的资源，必将带来消极的结果：将注意力过多投放于外部活动、满足外部需求，会造成团队内不必要的目标妥协

(Gibson & Dibble，2013)，降低团队的凝聚力与处理外部信息的动力（Ancona，1990)，进而消极影响团队效能。已有的实证研究也验证了这种消极影响——处于边界跨越地位的团队成员确实更容易感受到角色冲突（Mehra & Schenkel，2008)。

然而，边界跨越行为并非一定会造成团队内部冲突与损耗等结果。Marrone 等人（2007）的实证研究在个体和团队水平上分别假设并检验了团队边界跨越行为对角色过载的影响。通过对 31 个团队的 150 名 MBA 学生的问卷调查他们发现，个体水平的边界跨越行为带来了更高的个体角色过载并进一步降低了团队活力，而团队层面的边界跨越行为却减少了团队成员的角色过载。研究者认为，这是因为当团队集体投入到边界跨越行为中去时，这一行为会给个体带来大量的资源和支持。这一发现显示了资源分配视角下的边界跨越行为与不同水平的效标之间的不同关系。Friedman 和 Podolny (1992）的研究则指出，当我们将团队边界跨越视为在团队内部成员之间分工不一的集体行为时，角色冲突是可以通过合理的边界跨越角色分配来避免的。综上所述，资源分配视角下的团队边界跨越研究揭示了边界跨越行为对团队资源相关的结果的复杂影响。

社会身份视角。在边界跨越活动中，由于成员常常处于团队边界与团队外成员互动，因而其身份便成为该情境下不得忽视的议题。社会身份视角下的研究从团队边界与团队成员身份认同的关系出发考察团队边界跨越活动。根据社会身份理论（Hogg & Terry，2000）和最优差异理论（Brewer，1991)，边界定义了团队，降低了团队成员的不确定性，同时满足了团队成员的相似性与独特性需求。由这一焦点关系出发，Richter 等（2006）展现了高水平的认同在团队边界跨越行为中的“黏合剂”作用。通过对 53 个工作团队的问卷研究，他们发现边界跨越者的组织认同能够缓冲团队认同对团队间冲突的正向影响，而且还能扭转团队认同对团队生产力的消极影响。Somech 和 Drach-Zahavy（2014）则从社会身份理论分析了团队间任务互依性以及目标互依性的高低构型组合会如何作用于团队成员的内群体偏好和外群体偏见，进而影响团队采取哪种边界活动。其中，当团队之间的任务互依性高、目标互依性低时，团队会采取竞争策略，偏好侦察行为，造成组织生产力损失；当团队之间任务互依性高、目标互依性也高时，团队会采取合作策略，偏好协调行为，有利于提升组织生产力。

边界跨越者的身份认知还与边界跨越中的信息加工过程息息相关。Joshi 等（2009）认为团队内的职能背景的多样性能够帮助成员更好地理解和认同外部成员，从而促进团队的边界跨越行为。Dokko 等（2014）的研究认为，团队成员通过边界跨越从外部获取的价值需要被认可才能被团队充分利用，但这一过程常常因为知识来自外部群体而受到阻碍。通过对 673 对边界跨越关系的分析他们发现，边界跨越者对其团队的认同会阻碍他们边界跨越关系的创新潜力（creative generativity），而对其团队水平之上的高阶身份（superordinate identity）的认同会积极影响他们边界跨越关系的创新潜力。这些研究启示我们团队成员需要相应的知识基础以及不偏不倚的知识加工过程才能充分发挥边界跨越行为对团队信息加工的积极影响。

由以上综述可知，三种理论视角的关注点各有不同：结构权变视角关注团队与环境之间的匹配，然而它仅仅考察团队对外部环境的反应与适应，将团队外部活动与内部活动割裂开来；资源分配视角关注团队边界活动过程中可能出现的资源分配的竞争关系，并将内外部活动的关系看作对立的和难以兼容的；社会身份视角关注团队成员的身份认同在团队边界活动中的角色，对内外部互动之间的关系不做讨论。以上三种理论视角割裂、对立或者忽视团队内外部活动之间的关系，团队边界行为的研究尚缺乏体现内外部过程整合的理论视角。更重要的是，虽然有大量研究表明团队边界活动能为团队带来差异化的信息资源（e. g.，Ancona，1990；Gibson & Dibble，2013；Joshi et al.，2009），但是团队边界行为研究对边界活动的核心问题——外部活动获得的信息与资源如何经由团队内部过程转换为团队产出——未做回应。因而，未来的研究应致力于打开团队边界活动作用于团队效能的过程机制黑箱，连接团队的边界活动与团队内部信息加工过程，为整合团队内外部过程做出理论贡献。

2.3.5 文献述评

从以上文献回顾中，我们可以看出团队边界跨越行为研究在过去 30 年间取得了长足的发展，特别是在过去 10 年间，研究数量和质量都明显提升。我们将上述研究发现的整体图谱整理在图 2-3 中。尽管这些研究对于我们理解团队边界跨越行为具有重要意义，但是当前文献仍然存在以下三个方面的不足，有待后续研究改进和发展。

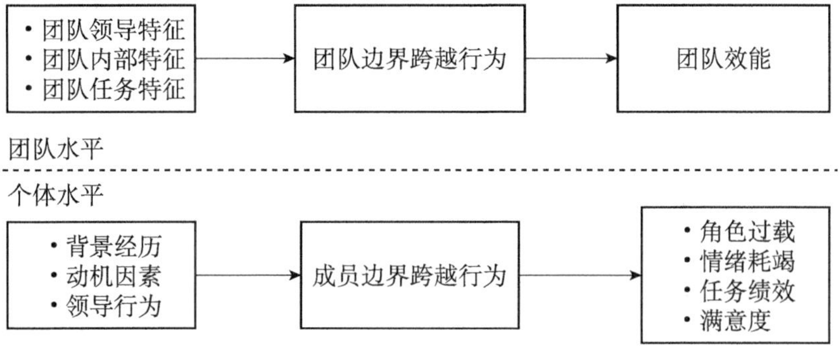

图 2-3 团队边界跨越行为研究整体图谱

第一，以往多数研究都采用加法模型将团队边界跨越行为作为一个团队水平的构念加以研究，忽略了它是个体成员代表团队实施的外部导向行为的本质特征。上文回顾的多数研究都采用问卷调查方法，在确保测量具有组内一致性的前提下，将团队成员个体的边界跨越行为聚合到团队层面进行分析。然而，现实组织中开展团队边界跨越行为的成员，他们实施跨越的对象和频率可能不同，从外部获得信息和资源也存在较大差别，对团队互动过程和产出的影响也不尽一致。在这种情况下，将团队成员的个人行为简单加总，会忽略不同成员之间关于边界跨越行为的有价值的变异。为了能更好地理解团队边界跨越行为构念的属性和内涵，未来研究应建构个体成员边界跨越行为的前因机制及其通过团队内部互动过程作用于团队效能的自下而上的涌现过程模型。

第二，当前研究主要还是以封闭系统视角，从团队成员特征、领导风格、内部特征以及任务特征等角度考察团队边界跨越行为的前因，忽略了开放系统视角下团队外部特征对团队成员跨越行为的影响。团队边界跨越行为是团队及其成员旨在响应及管理与外部环境关系的行为，考察其前因机制时仅关注内部因素难免会有失片面。如前所述，现实组织中团队并不是在真空中孤立运作的，相反它嵌入在外部相互依赖的关系网络中，团队成员能否有效开展边界跨越行为很大程度上取决于能否有效地利用外部社会网络关系。很多时候，团队成员没有开展边界跨越这样对团队乃至组织效能价值巨大的活动，并不是因为他们缺乏能力或者动机，而是受限于他们所处的社会结构。而上文的文献回顾已经表明，团队外部社会网络研究囿于社会学传统和结构决定主义视角，缺乏与行为科学的有机整合。因此，未来的研究应整合团队外部社会网络研究和团队边界跨越行为研究，并探讨团队成员具备何种外部社会网络特征能更好地促进其边界跨越行为。

第三，以往大部分研究都是关注团队边界跨越行为-团队效能关系的主效应，对于团队成员的边界跨越行为如何以及何时会促进团队效能这一问题仍然没有较为清晰的答案。如前所述，团队边界跨越行为从概念提出伊始，就被视为能有效促进团队效能的重要预测指标，以往研究先后发现团队边界跨越行为与包括团队绩效和团队活力在内的团队效能指标之间有显著的正相关关系。这些研究在理论上论证了团队边界跨越行为能为团队带来差异化的信息资源，但是对于边界跨越行为研究的核心问题——外部活动获得的信息与资源如何经由团队内部过程转换为团队效能——未做回应。此外，也有少量定性研究表明，团队成员实施的边界跨越行为有可能会受到团队内部分同事的欢迎和认可，但也有可能招致另一些同事的反感和厌恶，并因此造成团队整体效能的下降（Ancona，1990；Gibson & Dibble，2013）。这些不一致的结论呼吁对情境机制的研究。

为了解构个体成员边界跨越行为如何以及何时作用于团队效能的过程机制，我们必须解构团队内部人际的微观动力过程。正如我们在文献综述部分中所指出的，团队内部的人际互动是团队过程的基石（Humphrey & Aime，2014）。然而，当前包括团队边界跨越行为研究在内的多数团队效能文献都忽略了团队成员在人际的有价值变异，不加区分地假定团队成员之间的关系是等同的。囿于传统团队研究的这种假定，以往文献默认某个实施了边界跨越行为的团队成员会无差别地将从团队边界外部获得的信息和资源扩散给团队内其他每一位成员，并最终被团队处理整合以提升团队效能。然而，团队中知识的识别和利用本质上是一个发生在人际水平的互动过程（Bunderson，2003）。换言之，即便是相同的边界跨越行为，由不同的团队成员来实施，团队中的其他同事对此的评价和反应也极有可能是不一样的。鉴于当前文献存在的上述局限性，我们有必要进一步深入地分析个体团队成员的边界跨越行为作用于团队整体效能的人际微观动力机制及其权变条件。

综上，我们认为未来研究应回归团队边界跨越行为的个体外部导向活动本质，并采用团队内外部整合的理论视角构建多水平模型：一方面从团队外部社会网络特征考察团队成员边界跨越行为的前因，另一方面从信息加工过程解构团队成员边界跨越行为诱发的团队内部过程及其对团队效能的作用。

第3章 研究框架

围绕我们在导论中提出的研究问题，并针对文献综述部分总结的以往研究的不足，我们以团队成员边界跨越行为为核心，尝试构建一个团队内外部整合的研究框架，设计了包括三个子研究在内的一系列研究。子研究一旨在探究团队成员边界跨越行为的外部社会网络前因，提出焦点团队成员的外部自我中心网络（external egocentric network）的密度（density）及其在外部自我中心网络中的中介中心性都和他的边界跨越行为正相关。此外，我们还提出团队成员的知识结构的深度和宽度能够强化社会网络构型-边界跨越行为的关系。子研究二试图揭示团队成员边界跨越行为-团队效能跨水平涌现效应的过程机制，基于“成员动态的团队反应”框架（Kane & Rink，2017；Rink，Kane，Ellemers，& van der Vegt，2013），发展了一个多水平涌现模型：当一个团队成员 A 实施了边界跨越行为之后，有可能诱发另一个团队成员 B 的团队工作反思（team work reflexivity）。我们还提出当团队中的成员在人际都能相互诱发各自对团队工作的反思（表征为团队内成员间团队工作反思的密度）时，团队效能将获得提升。子研究三在子研究二的基础上进一步验证上述涌现过程模型并揭示其边界条件，根据“成员动态的团队反应”框架选取边界跨越者的亲团队动机和全体团队成员感知到的团队绩效压力作为两个理论驱动的调节变量，认为它们会强化团队成员 A 的边界跨越行为与团队成员 B 的团队工作反思之间的正相关关系。图 3－1 呈现了本研究总体的理论构思模型。

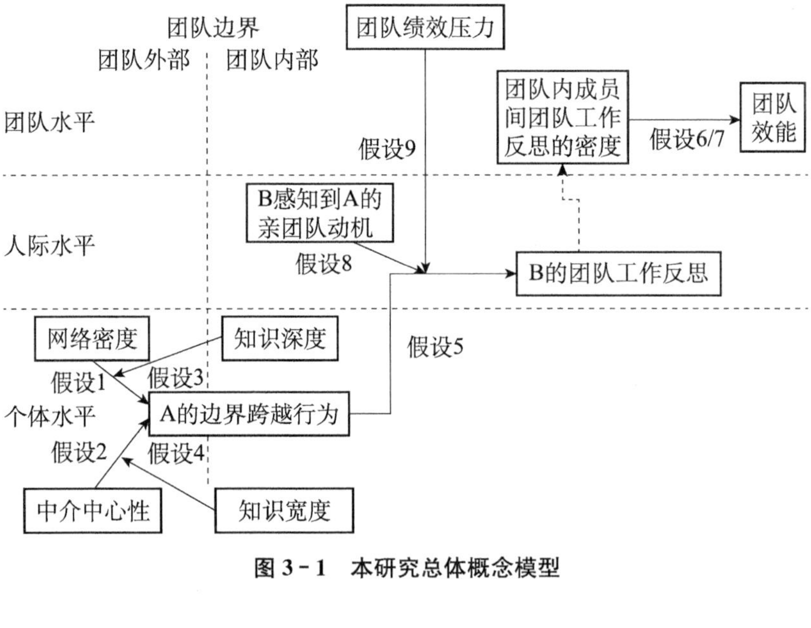

图 3－1　本研究总体概念模型

3.1　团队成员边界跨越行为的外部使能机制研究

鉴于团队成员的边界跨越行为对团队和组织效能都具有巨大价值，如何最大化地促进团队成员开展边界跨越行为是一个对团队管理的实践者和研究者来说都十分重要的问题。在个体水平，以往研究讨论了包括团队成员的工作经验、多部门任职经历、承担边界跨越行为的责任感和效能感等一系列个体特征对于团队成员边界跨越行为的作用（Ancona & Caldwell，1990；Tushman & Scanlan，1981a，1981b；Marrone，2007；de Vries et al.，2014 ）。尽管这些研究对于我们深化团队管理者如何最大化地促进团队成员的边界跨越行为具有重要价值，但它们是从团队作为封闭系统的内部视角出发，关注团队成员的动机或认知因素。这些研究忽略了团队作为一个开放系统的组织现实，未考虑团队外部与机会有关的因素也有可能提高或者降低团队成员开展边界跨越行为的可能性。事实上，许多情况下团队成员没有开展边界跨越行为并不是因为他们缺乏动机或者能力；相反，很大程度上是因为他们受限于自己所处的社会结构，没有机会开展这样对团队和组织都具有巨大价值的活动（e. g.，Phelps et al.，2012；van Wijk et al.，2008）。

为了更好地理解社会结构因素如何增加或减少团队成员开展边界跨越行为的机会，子研究一采用社会网络理论来探讨团队成员所处的社会结构如何以及何时可以促进他的边界跨越行为。社会网络理论的核心观点是环绕在一个网络节点（node）周边的社会关系的构型（configurations）可以增加或者限制该节点获取、迁移和创造知识的机会（e. g.，Phelps et al.，2012）。基于社会网络理论及文献，我们首先提出焦点团队成员外部自我中心网络的密度和焦点团队成员在外部自我中心网络中的中介中心性是否以及如何能提供给其不同形式的信息和资源，从而分别促进他的边界跨越行为。除了论述社会结构性因素对于团队成员知识搜索和学习行为的决定性影响，社会网络理论也强调团队成员具有的个体特质在焦点团队成员调动和利用有利的社会网络构型提供的资源的过程中所扮演的重要角色（e. g.，Baer，2010；Reinholt et al.，2011）。特别地，作为一种从团队边界外部获取和转移知识资源的行为，边界跨越行为的有效性或许很大程度上取决于焦点团队成员知识结构的特征（Reagans & McEvily，2003）。由此，我们进一步提出焦点团队成员的知识深度会强化其自我中心网络的密度和其边界跨越行为的正相关关系，而焦点团队成员的知识宽度会强化其在自我中心网络中的中介中心性和其边界跨越行为之间的正相关关系。

子研究一将团队成员的外部社会网络与其边界跨越行为联系起来，并考察其知识结构特征对团队外部社会网络构型-团队成员边界跨越行为关系的调节作用，这为后续构建并检验有关团队边界跨越行为的内外部整合研究框架奠定了基础。

3.2 团队成员边界跨越行为与团队效能关系的微观动力机制研究

以往研究已经表明，团队边界跨越行为已被证实能够帮助团队获得完成团队任务、实现集体目标的必要资源，从而极大地提升团队效能（Ancona & Caldwell，1992；Joshi，Pandey，& Han，2009；Marrone，2010）。这些研究在理论和实践上都揭示了边界跨越行为对于运作在复杂、动态环境下的团队的巨大价值。尽管现有研究对于我们理解团队边界跨越行为及其效能具有重要价值，但是这些研究也存在一定的局限性。更具体地说，边界跨越行为本质上是由团队成员个人代表团队整体完成的外部导向活动（Marrone，2010），然而当前绝大多数研究都在团队水平概念化和操作化团队边界跨越行为（e. g.，Ancona & Caldwell，1992；Drach-Zahavy & Somech，2010；Faraj & Yan，2009；Somech & Khalaili，2014）。这样一来，我们就难以解析团队成员在个体水平实施的边界跨越行为获得的信息和资源如何在团队中扩散并最终促进团队水平的整体效能这一问题。此外，即便是那些把边界跨越行为概念化和操作化在团队水平的研究，也没有清晰地刻画出团队边界跨越行为促进团队效能的潜在理论机制（e. g.，Faraj & Yan，2009；Mathieu，Maynard，Taylor，Gilson，& Ruddy，2007）。

为了完善当前文献存在的不足，进一步发展边界跨越行为效能研究，我们将在子研究二中探讨团队成员在个体水平实施的边界跨越行为获得的信息和资源如何在团队中扩散并最终促进团队水平的整体效能问题。子研究二基于“成员动态的团队反应”框架（Kane & Rink，2017；Rink，Kane，Ellemers，& van der Vegt，2013）来发展理论模型。该框架曾被以往研究用于理解团队中的人员流动所诱发的互动过程及其对团队效能的影响（e. g.，Gruenfeld et al.，2000；Kane，Argote，& Levine，2005；Rink et al.，2017），其核心思想是团队中某个成员跨越团队边界的流动（e. g.，边界跨越行为）有可能会诱发团队中另一个成员对当前团队工作的审视（reflection）和调整（adaptation）。在文献中，这个适应性的过程被称作团队工作反思（West，2000）。

基于以上框架，子研究二发展了一个个体水平团队成员边界跨越行为如何影响团队水平效能的多水平涌现模型，借此深入分析实施边界跨越行为的团队成员 A 和表现出适应性反思行为的团队成员 B 的人际互动以及这种团队内人际互动是如何作用于团队效能的。在这个模型中，我们提出当一个团队成员 A 实施了边界跨越行为之后，有可能会诱发另一个团队成员 B 的团队工作反思（West，2000）。事实上，鉴于团队中每个成员都有机会实施边界跨越行为和对他人的边界跨越行为做出适应性反应，所以在理论上和实证上每个团队成员都既是行动者也是同伴。这样一来，我们进一步提出当团队中的成员都能相互诱发其他成员对团队工作的反思(团队内成员间的团队工作反思具有较高的密度)，团队效能将获得提升。

子研究二围绕团队成员在个体水平实施的边界跨越行为获得的信息和资源是如何在团队中扩散并最终促进团队水平的整体效能这一具体问题，基于“成员动态的团队反应”框架构建了一个多水平涌现过程模型，这为构建有关团队成员边界跨越行为的内外部整合研究框架奠定了主线逻辑。

3.3 团队成员边界跨越行为与团队效能关系的涌现过程权变机制研究

当前文献除了未能清晰刻画团队边界跨越行为促进团队效能的潜在理论机制，还存在一个不足之处，就是假定实施边界跨越行为的团队成员总是能够将从团队边界外部获得的信息和资源在团队内部扩散并且促使团队针对外部环境变化做出适应性调整（Ancona & Caldwell，2009；Tushman，1977）。然而，团队中知识的识别和利用本质上是一个发生在人际水平（relational level）的互动过程（Bunderson，2003）。换言之，即便是相同的边界跨越行为，由不同的团队成员来实施，团队中的其他同事对此的评价和反应也极有可能是不一样的。更具体地，一些定性研究曾发现，团队成员实施的边界跨越行为并不总是受到团队中其他同事的欢迎和认可，相反这些边界跨越者有可能被认为是“害群之马”，并因此造成团队内部凝聚力和团队整体效能的下降（Ancona，1990；Gibson & Dibble，2013）。当前边界跨越行为文献存在的上述局限表明我们有必要进一步分析由个体团队成员的边界跨越行为诱发的团队内部人际微观动力机制及其对团队效能的影响，并尝试发现和识别这一机制发挥作用的边界条件。

因此，在子研究三中，我们基于“成员动态的团队反应”框架引入两个理论相关的调节变量——团队成员 B 感知到团队成员 A 的亲团队动机（de Dreu，Weingart，& Kwon，2000；Grant，2007）和团队绩效压力（Gardner，2012；Mitchell，Baer，Ambrose，Folger，& Palmer，2018）——作为模型的理论驱动的权变因素。已有质性研究揭示对于开展边界跨越行为的成员的动机归因会极大影响到其他团队成员有效识别由团队边界跨越行为引入团队的知识资源并加以利用（e.g.，Gibson & Dibble，2013）。此外，以往研究表明经历了人员流动的团队中的成员更有可能在遭遇相对较差的团队绩效时开展对团队工作的反思（e. g.，Choi & Levine，2004）。基于以上框架中的思想，子研究三在子研究二模型的基础上进一步提出团队成员 B 感知到团队成员 A 的亲团队动机和全体团队成员感知到的团队绩效压力将会分别调节团队成员 A 的边界跨越行为和团队成员 B 的团队工作反思之间的正相关关系。

子研究三再次考察团队成员边界跨越行为对团队效能的多水平涌现过程并进一步识别和检验边界跨越者的亲团队动机以及团队绩效压力的调节作用，这一方面验证了我们在上文提出的多水平、内外部整合框架是合理的，另一方面也识别了该框架的适用范围和情境条件。

第 4 章

成员边界跨越行为的外部使能机制研究

4.1 问题提出：团队外部社会网络能使边界跨越行为更有可能发生？

随着越来越多的组织面临诸如知识短缺、环境动荡、时间压力和资源匮乏等挑战，管理的研究者和实践者都逐渐认识到组织中的团队难以仅仅依靠自身的知识和资源来实现组织赋予的目标；相反，它们需要频繁地开展团队边界跨越行为（e. g., Ancona & Caldwell, 1992; Drach-Zahavy & Somech, 2010）。团队边界跨越行为，或者“团队成员为了响应和管理与外部环境的关系，与外部对象建立联系和发生互动的行为”（Marrone, 2010; Marrone et al., 2007），已被证实能够帮助团队获得相对于内部资源而言具有增量性的信息和资源，从而有利于团队实现集体目标和卓越绩效（Ancona & Caldwell，1992；Joshi，Pandey，& Han，2009；Marrone，2010）。

鉴于团队成员的边界跨越行为对于团队和组织效能都具有巨大价值，如何最大化地促进团队成员开展边界跨越行为是一个对于团队管理的实践者和研究者来说都十分重要的问题。在个体水平，以往研究讨论了一系列个体特征对于团队成员边界跨越行为的作用。例如，早期的研究发现在团队内有更长工龄和更多经验的团队成员更容易成为边界跨越者（Ancona & Caldwell，1990；Tushman & Scanlan，1981a，1981b）。近年来，学者们对团队成员边界跨越行为的个体水平前因研究从一般的个体特质转向了更为具体的心理特征。例如，Marrone 等人（2007）发现，团队成员对于承担边界跨越行为的责任感和效能感，以及团队整体的外部聚焦导向都能积极预测他们的边界跨越行为。de Vries 等人（2014）的研究表明，团队成员的多部门任职经历可以提升其人际认知复杂性（cognitive complexity），从而帮助他们更好地“理解、预测和评价人际互动对象的行为”，这最终将促进团队间的任务协调（边界跨越行为的一种具体表现形式）。

尽管这些研究对于我们深化团队管理者如何最大化地促进团队成员的边界跨越行为具有重要价值，但是它们的关注点主要集中在动机或认知因素上。这些研究忽略了与机会有关的因素也有可能提高或者降低团队成员开展边界跨越行为的可能性。对机会相关因素缺乏探索是令人惊讶和遗憾的，因为在许多情况下我们可以看到团队成员没有开展边界跨越行为并不是因为他们缺乏动机或者能力；相反，很大程度上是因为他们受限于自己所处的社会结构（social structure），没有机会开展这种对团队和组织都具有巨大价值的活动（e. g.，Phelps et al.，2012；van Wijk et al.，2008）。

为了更好地理解社会结构因素（social structural factors）会如何增加或减少团队成员边界跨越行为的机会，我们开展了子研究一。

本研究采用社会网络理论（social network theory）来探讨团队成员所处的社会结构如何（how）以及何时（when）可以促进他的边界跨越行为。社会网络理论的核心观点是环绕在一个网络节点（node）周边的社会关系构型（configurations）可以增加或者限制该节点获取、迁移和创造知识的机会（e. g.，Phelps et al.，2012）。特别地，本研究关注的是那些焦点团队成员所处团队之外关系人之间的社会关系。有关团队间知识迁移的文献早已表明，跨越团队边界的网络连结是团队获得有价值信息和资源的重要渠道（Hansen，1999；Wong，2008）。这是因为团队边界外部网络中的关系人通常掌握了仅靠团队内部成员难以产生和创造而对团队当前任务来说是紧密相关且价值巨大的信息和资源。在社会网络理论及其文献中，闭包（closure）和经纪（brokerage）是两类被广泛讨论的构型（e. g.，Burt，2005）。以往研究表明，闭包和经纪对于个体的知识搜索和学习行为都具有显著的影响（e. g.，Burt，1992；Coleman，1988；Reagans & McEvily，2003，2008）。根据以往研究，闭包的典型表征形式是焦点团队成员自我中心网络的密度，指的是某个焦点团队成员的自我中心网络中的关系人（alters）之间相互连接的紧密程度；经纪的典型表征形式是焦点团队成员在自我中心网络中的中介中心性，指的是某个焦点团队成员（ego）在自我中心网络中担任其他两个关系人之间最短的“桥梁”的次数。基于社会网络理论及文献，子研究一探讨焦点团队成员外部自我中心网络（externally egocentric network）的密度和焦点团队成员在外部自我中心网络中的中介中心性是否以及如何能提供给其不同形式的信息和资源，从而分别促进其边界跨越行为。

除了论述社会结构性因素对于团队成员知识搜索和学习行为的决定性影响，社会网络理论最近进展也强调个体在网络中的能动性（agency），或者说成员所具有的个体特质在焦点团队成员调动和利用有利的社会网络构型提供的资源的过程中所扮演的重要角色（e. g.，Baer，2010；Reinholt et al.，2011）。作为一种从团队边界外部获取和转移知识资源的行为，边界跨越行为的有效性或许很大程度上取决于焦点团队成员知识结构的特征（Reagans & McEvily，2003）。本研究认为，知识深度（knowledge depth，个体对于某个特定领域知识的理解程度）和知识宽度（knowledge breadth，个体所掌握的知识跨越多个领域的程度）作为个体知识结构的两类最主要特征，将会对焦点团队成员所具有的社会网络构型和他的边界跨越行为的关系产生重要影响（e. g.，Dane，2010；Haas & Ham，2015）。更具体地说，团队成员的知识深度会提升其处理某个特定领域知识与信息时的认知复杂性（cognitive complexity），而团队成员的知识宽度则将促进其在整合来自不同领域知识与信息时的认知流畅性（cognitive flexibility）。由此，本研究提出焦点团队成员的知识深度会强化其自我中心网络的密度和其边界跨越行为之间的正相关关系，而焦点团队成员的知识宽度会强化其在自我中心网络中的中介中心性和其边界跨越行为之间的正相关关系。图 4－1 呈现了子研究一边界跨越行为的外部使能机制概念模型，我们将在下面的小节中详细论述假设关系的理论逻辑。

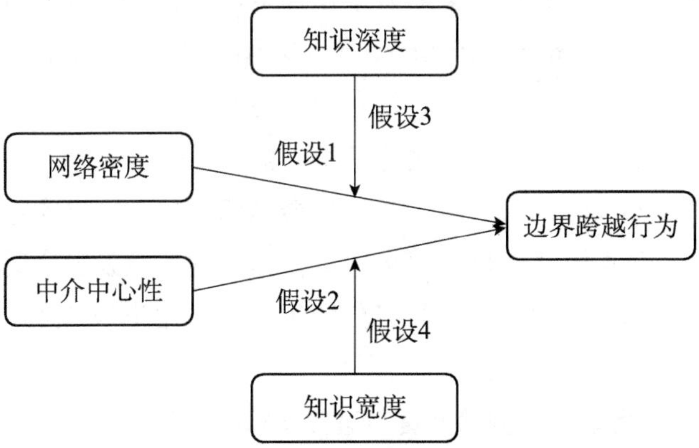

图 4－1　子研究一边界跨越行为的外部使能机制概念模型

4.2 理论基础和假设提出

4.2.1 基于社会网络视角的团队成员边界跨越行为理论

社会网络理论主要关注环绕在一个网络节点周边的社会关系的构型是如何增加或者减少该节点获取、迁移和创造知识的机会（e.g.,Phelps et al., 2012）。在社会网络理论及其文献中，闭包（cf. Coleman，1988）和经纪（cf. Burt，1992）是两类被广泛讨论的构型。以往研究表明，闭包和经纪对于个体的知识搜索和学习行为都具有显著的影响（e. g., Reagans & McEvily，2003，2008）。一方面，强调闭包价值的理论观点认为，一个团队成员的自我中心网络的密度可以帮助该团队成员获得有关如何完成任务的一致和可靠的信息（e. g., Morrison，2002）。这样的信息性优势为焦点团队成员开展边界跨越行为奠定了基础，焦点团队成员可以借此从团队边界之外的其他实体处获得可供本团队借鉴的、有关更好完成本团队任务的相似经验（Bresman，2010）。另一方面，主张经纪益处的理论观点认为，一个团队成员在自我中心网络中所处的中介中心性可以帮助该团队成员获得有关团队运作环境的非冗余和多样性的信息（e. g., Venkataramani, Richter, & Clarke，2014）。这样的信息性优势同样也为焦点团队成员开展边界跨越行为奠定了基础，焦点团队成员可以借此从团队边界之外获得当前团队运作环境的整体状况信息（Harvey et al.，2018）。基于社会网络理论，在下文中本研究将具体分析焦点团队成员外部自我中心网络的密度及其在外部自我中心网络中的中介中心性是如何分别积极地作用于他的边界跨越行为的。

4.2.2 团队成员网络密度和边界跨越行为的关系

边界跨越行为涉及从团队边界外部的其他实体处获得可供本团队借鉴的、有关更好完成本团队任务的相似经验（Bresman，2010）。正如Bresman（2013）所形象描述的那样，在这个过程中关键的步骤包括“发现”和“复制”。更具体地说，为了有效地执行边界跨越行为，焦点团队成员首先得确定团队边界外谁具有相关的、可供借鉴的信息，其次需要接触这个特定的对象并通过反复询问与验证来获得相应的知识及其细节（Bresman，2013）。社会网络的闭包理论认为自我中心网络中的高密度有利于上述与任务相关的信息的流动与迁移。网络密度本质上描述的是某个焦点团队成员自我中心网络中其他关系人的社会关系冗余程度（Shaw，Duffy，Johnson，& Lockhart，2005）。如前所述，本研究关注的是焦点团队成员所处团队之外关系人的社会关系。有关团队间知识迁移的文献早已表明，跨越团队边界的网络连结是团队获得有价值信息和资源的重要渠道（Hansen，1999；Wong，2008）。这是因为团队边界外部网络中的关系人通常掌握了仅靠团队内部成员难以产生和创造而对于团队当前任务来说是紧密相关且价值巨大的信息和资源。

由于下述两方面的原因，焦点团队成员外部自我中心网络的密度可以促进他的边界跨越行为。首先，随着某个焦点团队成员的外部自我中心网络中其他关系人交换与工作任务相关的信息和知识的频率的增加，在这个网络中将会形成一个有关每个关系人分别具有何种知识专长的共享认知（e. g.，Uzzi，1997）。这一共享认知可以帮助焦点团队成员更好地确定团队边界外可以提供值得本团队借鉴的、有关更好完成本团队任务的相似经验的个体（e. g.，Morrison，2002）。其次，高密度的外部自我中心网络意味着焦点团队成员拥有一个具有高凝聚力的微观结构情境（microstructural context；Tortoriello，Reagans，& McEvily，2012），团队边界之外的其他关系人愿意毫无保留并不厌其烦地接受焦点团队成员就任务相关的知识与信息发出的询问和确认（e. g.，Wong，2008），这将大大提高焦点团队成员从边界外部复制迁移相关知识的可能性（e. g.，Hansen，1999）。综上所述，本研究提出如下假设：

假设 1：焦点团队成员外部自我中心网络的密度和他的边界跨越

行为正相关。

4.2.3 团队成员网络中介中心性和边界跨越行为的关系

边界跨越行为还包含从团队边界外部获取当前团队运作环境整体状况的信息（Harvey et al.，2018）。为了更好地执行这样的信息搜索活动并形成对团队边界外部环境的系统性认知，团队成员最好能够接触到来自团队边界外部的非冗余和多样性的信息（e. g.，Ancona & Caldwell，1992；Tushman & Scanlan，1981）。外部自我中心网络中的中介中心性捕捉了在外部自我中心网络中，某个焦点团队成员在多大程度上位于两个原本不存在网络连结的关系人中间，衡量的是焦点团队成员担任其他两个关系人之间最短的"桥梁"的次数（Freeman，1982；Marsden，2002）。一个在外部自我中心网络中具有较高中介中心性的焦点团队成员，扮演着其所处网络中其他关系人的信息枢纽的角色，自然更有机会从这些关系人那里获取多样性的和非冗余的信息与资源（Burt，Kilduff，& Tasselli，2013）。

由此，本研究提出焦点团队成员在其外部自我中心网络中的中介中心性可以提升他开展边界跨越行为的机会。更具体地说，一个在外部自我中心网络中具有较高中介中心性的团队成员，更有可能基于多个来源的信息识别团队边界外环境中的机会和威胁（e. g.，Burt，2004）。此外，高中介中心性的网络位置也为焦点团队成员提供了有关当前团队的工作是否与外部环境的整体趋势和需求相匹配的信息（e. g.，Venkataramani et al.，2014）。上述两方面的信息性优势，都使得在外部自我中心网络中具有更高水平的中介中心性的焦点团队成员更有可能开展边界跨越行为。综上所述，本研究提出如下假设：

假设 2：焦点团队成员在外部自我中心网络中的中介中心性和他的边界跨越行为正相关。

4.2.4 团队成员知识结构特征的调节作用

在发展上述假设关系时，一个隐含的前提是具有优势性社会网络构型的团队成员能够充分利用这样的社会结构优势。然而，近期的社会网络研究强调了个体在网络中的能动性（agency in network），或者说团队成员所具有的个体特质对其调动和利用优势性社会网络构型提供的资源的重要作用（e. g.，Anderson，2008；Baer，2010；Reinholt et al.，2011）。特别地，这些研究表明虽然优势性的社会网络构型为团队成员获取和利用信息和资源提供了潜在可能，然而充分实现这种潜在可能很大程度上还取决于团队成员利用这些信息和资源的能力。更具体地说，作为一种从团队边界外部获取和转移知识资源的行为，它的成功很大程度上取决于焦点团队成员知识结构的特征（Reagans & McEvily，2003，2008）。

根据以往文献，知识深度和知识宽度是描述个体知识结构的两个主要特征（e. g.，Dane，2010；Haas & Ham，2015），它们或许会对社会网络构型与边界跨越行为的关系产生重要影响。知识深度描述的是个体对于某个特定领域知识的理解程度（e. g.，Mannucci & Yong，2018）；对于某个工作领域具有高知识深度的团队成员在处理该特定工作领域知识与信息时将会具有更高水平的认知复杂性，这将有利于他识别和理解该特定工作领域的关键议题（e. g.，Haas & Ham，2015）。相对地，知识宽度描述的是个体所掌握的知识跨越多个领域的程度（e. g.，Mannucci & Yong，2018）；在工作领域具有高知识宽度的团队成员在处理不同工作领域知识与信息时将会具有更高水平的认知流畅性，这将有利于他解读和整合来自不同工作领域的多样性信息（e. g.，Mannor，Matta，Block，Steinbach，& Davis，2017）。整合上述有关个体知识结构特征的文献与社会网络理论，本研究提出焦点团队成员的知识深度会强化其外部自我中心网络的密度和他边界跨越行为之间的正相关关系，而焦点团队成员的知识宽度会强化其在自我中心网络中的中介中心性和他边界跨越行为之间的正相关关系。

尽管一个高密度的外部自我中心网络为焦点团队成员提供了有

利于他和外部其他关系人直接互动并获取知识的良好情境，但是本研究认为只有当该焦点团队成员具有较高水平的知识深度时，外部自我中心网络的密度对于边界跨越行为的信息性价值才能更好地实现。以往研究已经表明，对于某个工作领域具有高知识深度的团队成员更有可能识别和理解该特定工作领域的关键议题及这些议题之间的关系（Dane，2010；Fiske & Taylor，2013）。这种知识深度可以帮助焦点团队成员更好地形成清晰的需要搜索的问题，由此促进他识别谁是掌握了相关的、可供借鉴的信息的学习迁移对象（e. g.，Chi，Feltovich，& Glaser，1981）。此外，高水平的知识深度可以帮助焦点团队成员更好地处理从高密度的外部自我中心网络中获得的信息和资源，使其在与外部的学习迁移对象直接互动时更加有效地询问和澄清关键议题（e. g.，Kimball & Holyoak，2000）。综上所述，通过更好地帮助焦点团队成员从外部高密度的自我中心网络中识别和迁移与团队当前任务相关的、可供借鉴的信息，知识深度可以强化焦点团队成员外部自我中心网络的密度与其边界跨越行为之间的正相关关系。

相反，一个具有较低水平知识深度的焦点团队成员更难从高密度的外部自我中心网络中获取开展边界跨越行为的便利。更具体地说，对于一个具有较低水平知识深度的焦点团队成员来说，即便他的外部自我中心网络具有较高密度从而对于团队边界外的关系人的知识专长具有清晰的理解，也难以识别当前团队工作中什么样的知识是匮乏并且需要从外部来源获取的。这样一来，焦点团队成员将难以从外部高密度的自我中心网络中识别与团队当前任务相关的、可供借鉴的信息，也无法在与团队边界外的关系人的直接互动中提出最关键的问题以促进知识的有效迁移。综上所述，本研究提出如下假设：

假设 3：焦点团队成员的知识深度调节其外部自我中心网络的密度与他的边界跨越行为之间的正相关关系；当知识深度水平较高时，焦点团队成员的外部自我中心网络的密度和他的边界跨越行为之间的正相关关系更强。

在上文的假设推导中我们提到，在外部自我中心网络中占据更高水平中介中心性的位置使得焦点团队成员可以接触到大量非冗余和多样性的信息，这为他实施边界跨越行为提供了机会。然而，要想充分实现和利用这些机会，焦点团队成员最好应当同时具有较高水平的知识宽度。更具体地说，具有较高水平知识宽度的团队成员所掌握的知识跨越多个工作领域，这会促使他在工作中将注意力投放到外部环境的不同方面（e. g.，Dane，2010）。由此，在外部自我中心网络中具有较高中介中心性的焦点团队成员将有可能基于多个来源的信息识别团队边界外环境中的机会和威胁（e. g.，Grégoire，Barr，& Shepherd，2010）。除此之外，具有跨越多个工作领域的知识使得焦点团队成员具备了更强的能力来理解来自不同"社会世界"（social worlds）的语言，这将有利于他有效整合来自不同知识源的信息和观点（Reagans & McEvily，2008）。这样一来，兼具较高水平的外部自我中心网络中介中心性和知识宽度的焦点团队成员将更有可能开展边界跨越行为。综上所述，通过更好地帮助焦点团队成员从外部自我中心网络中占据的高水平中介中心性的位置上识别和整合多样性、非冗余的信息，知识宽度可以强化焦点团队成员在外部自我中心网络中的中介中心性位置和他的边界跨越行为之间的正相关关系。

相反，一个具有较低水平知识宽度的焦点团队成员更难从所占据的外部自我中心网络中高中介中心性的位置上获取有利于开展边界跨越行为的优势。更具体地说，对于一个具有较低水平知识宽度的个体来说，即便他在外部自我中心网络中占据了高中介中心性的位置从而有机会接触到来自不同方面的多样性和非冗余信息，他也极有可能难以有效地理解和整合这些来自不同"社会圈子"（social circles）的信息，反而有可能会遭遇信息过载并无法从既有信息中识别出有价值的联系。在这种情况下，焦点团队成员将难以从外部自我中心网络的高中介中心性位置中获得有关团队边界外部环境中机会和威胁的信息。综上所述，本研究提出如下假设：

假设 4：焦点团队成员的知识宽度调节其所占据的外部自我中心网络的中介中心性位置与他的边界跨越行为之间的正相关关系；当知识宽度水平较高时，焦点团队成员所占据的外部自我中心网络的中介中心性位置和他的边界跨越行为之间的正相关关系更强。

4.3 研究方法

4.3.1 调研样本和调研流程

本研究从中国东部某沿海城市的一家电力公司收集数据，以检验上文中提出的假设模型。该电力公司的主营业务为面向公众生产和输送电力能源。为了管理在生产运作过程中面临的技术上和协调上的复杂性，该公司在组织架构设计时已经将整个系统拆分为 7 个相对独立自主的运作单元。而在每个工作单元内部，员工们又被分配至若干个相互关联的团队，每个团队基于工作流程的整体设计承担特定的工作任务。图 4－2 中呈现了该公司（即取样情境）的组织架构。同一个工作单元中的不同团队之间具有较高的任务互依性，它们需要为彼此提供关键的资源（例如材料、数据和信息）来完成团队各自的工作任务和实现组织整体的工作目标。相反，因为不同的运作单元在组织设计时就被要求相对独立地运作，因而来自不同运作单元的团队很少跨单元互动协作。根据我们对团队领导和成员的访谈，边界跨越行为是他们日常工作中的重要部分。一个团队工作的有效性取决于其多大程度上能够整合团队成员通过边界跨越行为从同一运作单元内其他互依的团队处获得的多样性信息和资源。

为了减轻共同方法偏差对研究结论的影响（Podsakoff，MacKenzie，Lee，& Podsakoff，2003），我们在两个时间点分别向团队领导和成员收集问卷数据，两个数据收集时间点的间隔为两个月。之

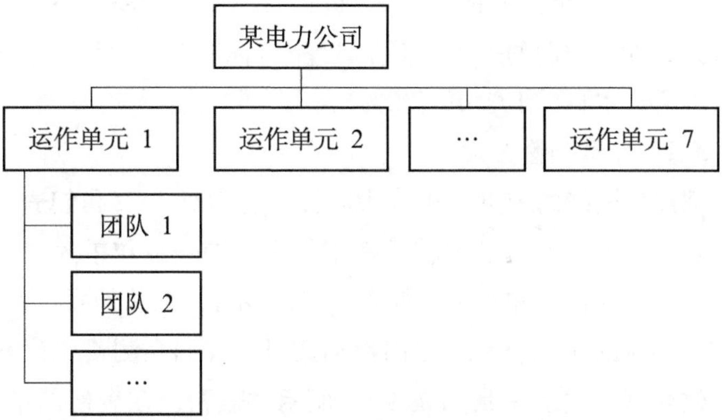

图 4-2 子研究一取样情境的组织架构

所以选择两个月为时间间隔，主要是因为这样的时间安排会最大限度地降低对他们正常工作的影响。在时间点 1，我们请同一运作单元内的所有员工回答有关建议网络的问题。此外，我们还请每一位团队成员汇报有关其自身知识深度和宽度的问题。在时间点 2，我们邀请团队领导评价其所管理的每一位团队成员的边界跨越行为。在准备和制作问卷的过程中，本研究严格按照 Brislin（1980）推荐的翻译-回译步骤来形成问卷题目。在两轮问卷的发放过程中，我们都在调研现场亲自执行，努力向所有参与调查的被试解释本研究的目的，并保证我们将对他们提供的数据严格保密。

在实施调研之前，我们先从该公司的人力资源管理部门获取了所有参与调研的人员名单，包括来自 43 个团队的 171 名团队成员及 43 名团队领导。在 171 名团队成员中，有 161 名完整回答了第一轮问卷中有关建议网络、知识深度和知识宽度的问题，填答率为 94%。在 43 名团队领导中，有 35 名完整回答了第二轮问卷中有关其所管理的团队成员的边界跨越行为问题，填答率为 81%。考虑到缺失值的存在会使社会网络相关变量的估计存在偏差，本研究在计算团队成员外部自我中心网络的密度和团队成员在外部自我中心网络中的中介中心性之前，先按照 Borgatti（2013）建议的步骤进行补缺处理。在匹配了来自团队领导和团队成员的数据之后，进入分析的最终样本是来自35个团队的140名成员。在这个最终样本中，100%的被试为男性，他们的平均年龄是32岁（标准差=6.6），绝大多数人具有本科或本科以上学历（92%）。

4.3.2 变量测量方式

外部建议网络的密度和中介中心性（时间点1）。我们邀请每一位被试在5点量表上填答他在日常工作中向同一运作单元中的其他每一位同事寻求信息和建议的频率（1=从不，5=总是）。为了减轻被试在填答时的认知负荷，提高数据质量，我们在测量建议网络时向每一位被试提供了一张如表4-1所示的表格。在表格的第一列，我们列出了被试所在运作单元的全体员工的姓名；在表格第二至第六列，我们列出了有关寻求信息和建议的频率的五个选项供被试选择。通过这样的方式，我们收集了每个运作单元内的有关建议网络的全网数据，并构建成一个$N \times N$的矩阵（N是每个运作单元内的全体员工的总人数）。在这个矩阵中，单元格X_{ij}表示员工i向员工j寻求信息和建议的频率。考虑到每个运作单元内的多数员工之间至少存在着“偶尔”水平的建议寻求行为，为了使社会网络结构与位置变量有更加明显的变异，本研究在计算网络变量之前先将网络连结这一连续变量转换为二分类变量。具体来说，当被试填答的数字大于等于中间选项3（3=有时）时，将它转换为1，表征两者之间存在建议网络连结；反之，则转换为0，表征两者之间不存在建议网络连结（Borgatti，2013）。

外部建议网络的密度测量了在某个焦点团队成员的外部自我中心网络中，其他关系人之间实际的网络连结数量与可能的网络连结数量的比值（Borgatti，Everett，& Freeman，2002）。焦点团队成员在外部建议网络中的中介中心性测量了在外部自我中心网络中，某个焦点团队成员在多大程度上位于两个原本不存在网络连结的关系人中间（Freeman，1982；Marsden，2002）。本研究采用UCNET 6计算上述两种网络指标（Borgatti et al.，2002）。

表 4-1　子研究一建议网络测量列表局部示意

同事姓名	工作中遇到问题时我向他人寻求信息和建议的频率				
	从不	偶尔	有时	频繁	总是
张三	1	2	3 ✓	4	5
李四	1	2	3	4 ✓	5
王五	1	2	3	4	5 ✓
……	1	2	3 ✓	4	5
……	1	2	3	4 ✓	5
……	1	2	3	4	5 ✓

注：经与取样公司协商，本研究在报告研究步骤与结果时均对人员姓名做匿名化处理。

知识深度和知识宽度（时间点 1）。为了测量知识深度和宽度，本研究首先需要识别所研究情境（即该电力公司）的关键知识领域。根据我们在收集数据之前对人力资源管理部门负责人及团队领导与成员的访谈，我们了解到该电力公司的日常运作涉及 9 个职能模块，包括电气、网控、通风、消防等。我们还通过访谈了解到，在承担某个职能模块的工作之前，员工需要参加岗前培训、通过任职资格考试并获得相应的资质证书。尽管公司层面十分鼓励员工在不同岗位轮换，但是由于任职资格考试的难度较大，很少有员工通过所有 9 个职能模块的考试并在这些岗位全都轮换过。根据粗略统计，每个员工平均在 4 个不同的职能模块工作过。

基于从访谈中获得的信息，我们以表 4-2 的形式在第一列中列出所有 9 个职能模块的名称，并在第二列中询问每一位团队成员是否有在该职能模块工作的经历。如果有相关工作经历，我们则进一步请他回答在该职能模块工作的经验时长。此外，我们还从人力资源管理部门获得了每个团队成员当前岗位所属的职能模块信息。基于这些信息，本研究按照 Mannucci 和 Yong（2018）的方式，把某个团队成员在当前工作岗位所属的职能模块的经验时长作为该员工知识深度的测量。此外，与 de Vries 等人（2014）的做法相一致，本研究采用 Bunderson（2003）改编过的 Blau（1977）的异质性公式来测量员工的知识宽度：

$$知识宽度 = 1 - \sum_{i=1}^{k} p_i^2$$

式中，p_i为一个员工在某个特定职能模块工作的经验时长与总工作经验时长之比；k 为职能模块的总类别数量（本研究中 $k=9$）。这样一来，一个员工的知识宽度在理论上的定义域为 0（所有工作经验都在某一个职能模块获得）到 0.88（在所有 9 个职能模块都工作过，每个模块的工作经验时长相等）。

表 4－2　子研究一知识深度和知识宽度测量列表局部示意

您是否有从事以下工作的经历？如有，请进一步回答从事该工作的经验时长		
工作/岗位	是否有该工作的经历（勾选）	工作经验时长
电气	（1）是；（2）否	____月
网控	（1）是；（2）否	____月
通风	（1）是；（2）否	____月
消防	（1）是；（2）否	____月
……	（1）是；（2）否	____月
……	（1）是；（2）否	____月
……	（1）是；（2）否	____月

注：经与取样公司协商，本研究在报告研究步骤与结果时对职能模块名称做部分匿名化处理。

边界跨越行为（时间点 2）。本研究采用 Marrone 等人（2007）基于 Ancona 和 Caldwell（1992）的原始量表缩减之后的 6 题项量表来测量边界跨越行为。我们邀请团队领导在 5 点量表上评价他所管理的每一位下属在过去一个月中跨越团队边界开展代表行为、协调行为和信息扫描行为的频率。具体的测量题目包括“关注了解公司和处室领导对于我们团队的最新指示与要求，确保我们的工作正确合理”“与团队外的人讨论他们失败的经历，以获得改进我们团队工作的方法”“向团队外相关方询问完成我们团队任务所需材料、工具的最新信息，确保我们的工作准确无误”“向团队外相关方询问交付我们团队工作的时间、地点的最新信息，确保衔接流畅”“向团队外相关方咨询当前机组运行采用的最新技术标准和参数，确保我们团队的操作安全合规”“打听了解那些执行类似任务的处室或团队的最新工作情况，确保我们团队的工作质量不落后于人”。该测量的 Cronbach α 系数是 0.95。

控制变量。首先，考虑到网络规模会影响团队成员从团队外部获取和迁移知识的机会，本研究通过控制焦点团队成员在其外部自我中心网络中的联系人的数量来控制网络规模的效应。其次，因为以往研究发现个体的认知需要或许会影响个体从社会网络所提供的信息和资源中获利的能力（e. g.，Baer，2010），所以本研究把个体的认知需要也控制起来。最后，由于具备高水平的主动性人格的团队成员或许能更好地探索和利用社会网络所提供的资源（e. g.，Lee，Qureshi，Konrad，& Bhardwaj，2014），因此本研究也把主动性人格纳入控制变量。除上述变量外，本研究没有控制任何人口统计学变量。主要原因是：第一，本研究没有将性别和教育水平纳入控制变量，因为在本研究的最终样本中 100%的填答者都是男性，而 92%的填答者具有本科或本科以上学历，没有变异或者变异太小，没有必要将它们纳入分析模型。第二，本研究没有控制年龄和组织任期，因为这两个变量和知识深度的相关系数较高（$r \geq 0.75$）。考虑到知识深度表征的是某个员工在当前岗位所属职能模块工作的经验时长，这样高的相关系数是可以理解的。事实上，如果本研究将上述两个变量纳入控制，假设检验的结论性质保持不变。但是，为了避免多重共线性问题，本研究将它们排除在控制变量之外。

4.3.3　分析策略

为检验上文提出的假设模型，本研究采用跨水平全模型路径分析技术。采用这一技术的好处有两点：一方面，可以使我们同时考察模型中的所有变量并获得相应系数的估计，还可以控制两个自变量和两个调节变量之间可能存在的协变关系；另一方面，可以将组内变异和组间变异分离开来，以克服同一领导评价若干成员带来的边界跨越行为这个变量在组内的残差非独立性的问题（e. g., Bauer, Preacher, & Gil, 2006; Preacher, Zyphur, & Zhang, 2010）。在具体分析时，本研究按组均值中心化（group mean centering）所有的预测变量（Enders & Tofighi, 2007; Hofmann & Gavin, 1998）。为了更好地解读调节作用，在计算交互项之前先对自变量和调节变量进行了标准化处理（Dawson, 2014）。本研究采用 Mplus 8.0 来执行上述跨水平全模型路径分析（Muthén & Muthén, 2017）。

4.4 研究结果

4.4.1 描述性统计

表 4-3 呈现了子研究一模型中变量的均值、标准差和相关系数。尽管从相关矩阵中本研究没有发现网络密度和中介中心性与边界跨越行为之间显著的正相关关系，但是考虑到上述相关系数是在没有考虑同一团队内成员在各变量上的残差非独立性计算得到的，本研究将进一步采用跨水平全模型路径分析技术检验相关假设。

4.4.2 研究假设检验结果

假设 1。在假设 1 中，本研究提出焦点团队成员外部自我中心网络的密度和他的边界跨越行为正相关。从表 4-4 和图 4-3 可以看出，网络密度对于边界跨越行为具有显著的积极作用（$b=0.07$, $p<0.05$）。因此，假设 1 得到支持。

表 4-3　子研究一变量的均值、标准差和相关系数

变量	均值	标准差	1	2	3	4	5	6	7	8
1. 网络规模（成员，网络测量，时间点 1）	18.85	9.40	—							
2. 认知需要（成员，时间点 1）	5.58	0.76	0.15	(0.85)						
3. 主动性人格（成员，时间点 1）	5.12	0.81	0.06	0.56**	(0.73)					
4. 网络密度（成员，网络测量，时间点 1）	63.75	20.17	−0.47**	−0.24**	−0.18*	—				
5. 中介中心性（成员，网络测量，时间点 1）	3.37	7.02	−0.10	0.12	0.22*	−0.44**	—			
6. 知识深度（成员，时间点 1）	35.75	46.48	−0.43**	−0.11	−0.03	0.26**	0.07	—		
7. 知识宽度（成员，时间点 1）	0.66	0.22	0.43**	0.01	−0.03	−0.25**	−0.01	−0.40**	—	
8. 边界跨越行为（领导，时间点 2）	4.29	0.69	0.26**	−0.07	0.01	0.10	−0.12	−0.23**	0.26**	(0.95)

注：样本量 $N=140$。* $p<0.05$；** $p<0.01$。括号中的数字为变量的 Cronbach α 系数。

表 4-4　子研究一假设全模型路径分析系数表

预测变量	边界跨越行为	
	Coeff.	S. E.
网络规模	0.05	0.04
认知需要	0.02	0.02
主动性人格	−0.01	0.03
网络密度	0.07*	0.03
中介中心性	0.07**	0.01
知识深度	−0.01	0.04
知识宽度	0.03	0.03
网络密度 × 知识深度	−0.02	0.06
网络密度 × 知识宽度	0.01	0.04
中介中心性 × 知识深度	−0.17	0.09
中介中心性 × 知识宽度	0.10*	0.05

注：$N=140$。* $p<0.05$；** $p<0.01$。

假设 2。在假设 2 中，本研究提出焦点团队成员在外部自我中心网络中的中介中心性和他的边界跨越行为正相关。表 4-4 和图 4-3 的结果显示，中介中心性对于边界跨越行为具有显著的积极作用（$b=0.07$，$p<0.01$）。由此，假设 2 得到支持。

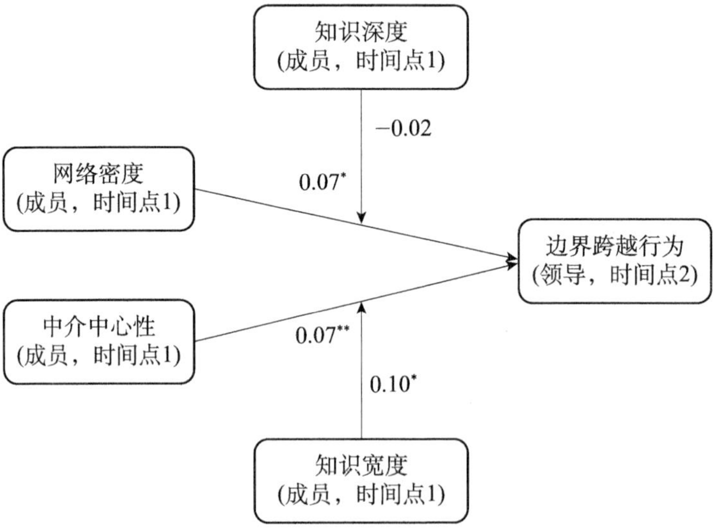

图 4-3　子研究一假设检验结果

注：$N=140$。* $p<0.05$；** $p<0.01$。为了确保图形的简洁性，本图只呈现所有假设的路径系数分析结果，其他非假设的路径系数参见表 4-4。

假设 3。在假设 3 中，本研究提出焦点团队成员的知识深度会调节其所处外部自我中心网络的密度和他的边界跨越行为之间的关系；当团队成员的知识深度水平较高时，网络密度和边界跨越行为的关系更强。从表 4－4 和图 4－3 可以看出，网络密度和知识深度的交互项对边界跨越行为没有显著的作用（$b=-0.02$，*n. s.*）。因此，假设 3 没有得到支持。

假设 4。在假设 4 中，本研究提出焦点团队成员的知识宽度会调节其在所处外部自我中心网络中的中介中心性和他的边界跨越行为之间的关系；当团队成员的知识宽度水平较高时，中介中心性和边界跨越行为的关系更强。表 4－4 和图 4－3 的结果显示，中介中心性和知识宽度的交互项对边界跨越行为具有显著的积极作用（$b=0.10$，$p<0.05$）。为了进一步解析这个显著的调节作用，本研究按照 Cohen 等人（2003）的建议，分知识宽度的高、低两个水平（即±1 倍标准差）在图 4－4 中绘制出了这个显著的调节作用。简单效应分析表明，当团队成员的知识宽度水平较高时，中介中心性对边界跨越行为具有显著的积极作用（$\beta=0.17$，$p<0.01$）；当团队成员的知识宽度水平较低时，中介中心性对边界跨越行为的作用不显著（$\beta=-0.03$，*n. s.*）。因此，假设 4 得到支持。

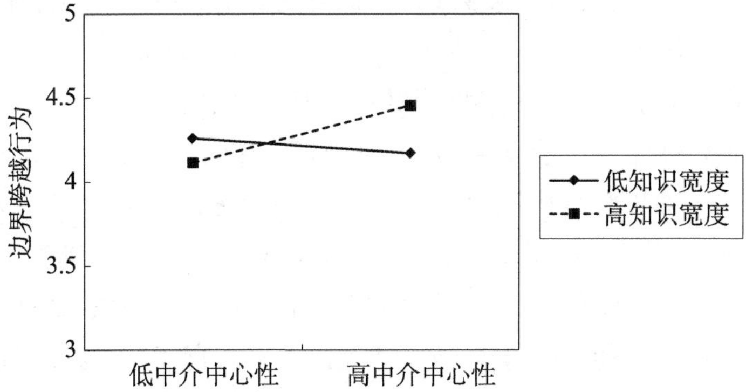

图 4－4　中介中心性的调节作用

4.5 讨论与小结

4.5.1 研究发现

基于社会网络理论，子研究一尝试探究社会网络构型是如何以及何时促进团队成员的边界跨越行为的。为此，我们构建了一个团队成员边界跨越行为外部使能机制概念模型，并以中国东部沿海某城市一家电力公司的 140 名员工的问卷调查数据为样本，采用多轮次多来源设计检验模型中的假设关系，结果显示绝大部分假设得到了支持。本研究提出并发现焦点团队成员的外部自我中心网络的密度及其在外部自我中心网络中的中介中心性都和他的边界跨越行为正相关。本研究还发现个体知识结构的特征对于社会网络构型-边界跨越行为关系具有情境权变作用。本研究提出并发现焦点团队成员的知识宽度会强化其在外部自我中心网络中的中介中心性与他的边界跨越行为的正相关关系。

在检验上述调节作用假设关系时，本研究控制了网络密度与知识宽度交互项、中介中心性与知识深度交互项的作用。结果表明，替代性的交互作用是不显著的。此外，有关个体知识结构特征的研究也揭示，无论是知识深度还是知识宽度对于个体的知识管理和创新创造都是双刃剑（e. g., Mannucci & Yong, 2018）。虽然较高的知识深度有利于个体识别和理解特定知识领域的关键问题，但是过高的知识深度可能会导致个体囿于原有的认知图式（cognitive scheme），难以跨越团队边界向外搜索和学习新的知识（Gavetti, Levinthal, & Rivkin, 2005; Haas & Ham, 2015）。类似地，虽然较高的知识宽度可以帮助个体理解和整合不同知识领域的信息，但是过高的知识宽度可能会导致个体关注太多来自团队边界外部的刺激与信息，以至于注意力分散和认知负荷过载（Haas & Ham, 2015; Rietzschel, Nijstad, & Stroebe, 2010）。由此，知识深度和知识宽度对于社会网络构型-边界跨越行为关系的调节作用可能是非线性的。为了验证上述猜想，本研究做了补充分析，结果整理在表 4-5 中。采用跨水平全模型路径分析，本研究发现网络密度与知识深度的平方项相乘后的交互项对边界跨越行为具有显著的消极作用（$b=-0.08$，$p<0.05$），而中介中心性与知识宽度的平方项相乘后的交互项对边界跨越行为也具有显著的消极作用（$b=-0.05$，$p<0.05$）。

表 4-5　子研究一全模型路径补充分析系数表

预测变量	边界跨越行为	
	Coeff.	S. E.
网络规模	0.05	0.03
认知需要	0.03*	0.01
主动性人格	−0.02	0.02
网络密度	0.09**	0.03
中介中心性	0.06**	0.01
知识深度	0.08**	0.03
知识宽度	0.03	0.02
网络密度×知识深度	−0.05	0.06
网络密度×知识宽度	0.01	0.04
中介中心性×知识深度	−0.30**	0.09
中介中心性×知识宽度	0.11**	0.04
知识深度^2	−0.03	0.02
知识宽度^2	−0.02	0.02
网络密度×知识深度^2	−0.08*	0.04
网络密度×知识宽度^2	0.02	0.03
中介中心性×知识深度^2	0.19**	0.02
中介中心性×知识宽度^2	−0.05*	0.02

注：$N=140$。* $p<0.05$；** $p<0.01$。

为了进一步解析这两个显著的非线性调节作用，本研究按照 Schilke（2014）的做法在图 4-5 和图 4-6 中分别描绘了随着知识深度/知识宽度从低水平（−2SD）向高水平（+2SD）增加，网络密度/中介中心性-边界跨越行为的关系是如何非线性变化的。虽然上述补充分析的结果验证了上述猜想，但是本研究的关注点在社会网络构型与边界跨越行为之间的关系，知识深度和知识宽度只是作为情境权变因素引入来强化基于社会网络理论的上述关系。此外，知识深度和知识宽度对于信息加工和创造力的非线性效应已被以往研究所揭示（e.g., Mannucci & Yong，2018）。为避免偏离本研究的主线并使研究模型过于复杂，本研究并没有在假设发展部分提出知识深度和知识宽度对于社会网络构型-边界跨越行为关系的非线性的调节作用，只在补充分析中呈现，未来研究或许可以对此做进一步的探讨。

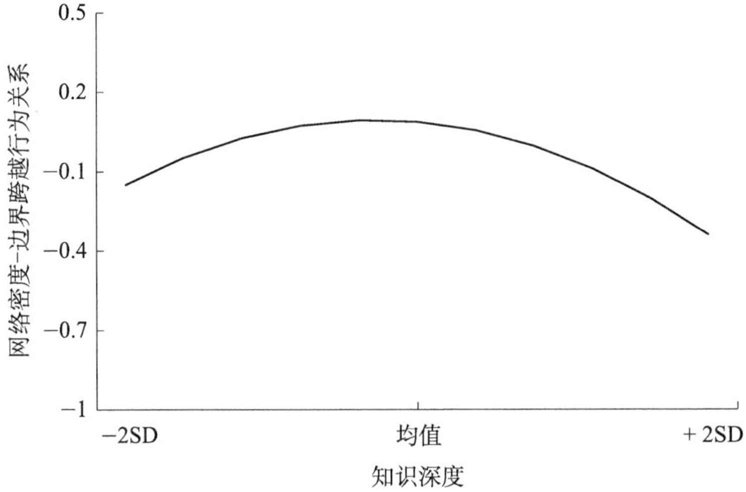

图 4-5　知识深度的非线性调节作用

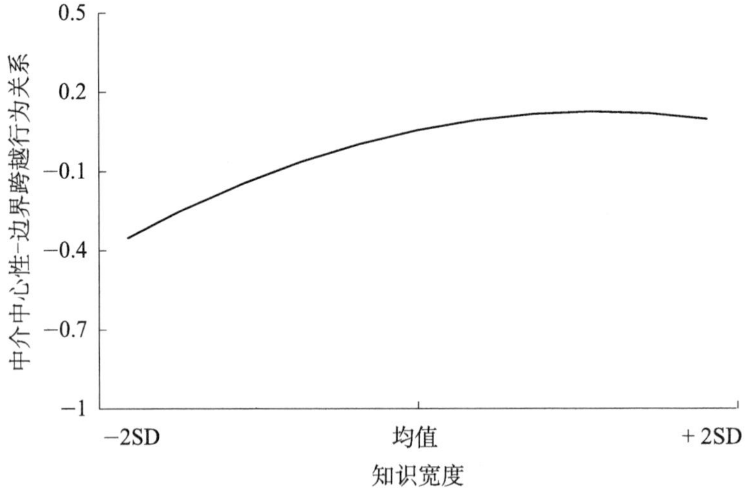

图 4-6　知识宽度的非线性调节作用

4.5.2 理论意义

基于上述发现，子研究一有三点理论意义。首先，基于社会网络理论，本研究发现，焦点团队成员的外部自我中心网络密度及其在外部自我中心网络中的中介中心性都和他的边界跨越行为正相关。在个体水平，以往研究讨论了一系列个体认知特征或动机特征对于团队成员边界跨越行为的作用。例如，Ancona 和 Caldwell（1990）以及 Tushman 和 Scanlan（1981a，1981b）等本领域的开创者曾发现团队内的工龄与经验和团队边界跨越行为正相关。后来有学者如 Marrone 等人（2007）发现，团队成员对于承担边界跨越行为的责任感和效能感都能积极预测他们的边界跨越行为。而 de Vries 等人（2014）的研究表明，团队成员的多部门任职经历促进边界跨越行为。本研究的发现有别于以往这些主要关注动机和认知因素的前因研究，强调了团队成员所处的社会网络结构对于其开展边界跨越行为的影响，由此拓展了边界跨越行为前因研究的理论基础。

其次，本研究加入了个体在网络中的能动性（agency in network）这一领域不断涌现的成果（e. g.，Anderson，2008；Baer，2010；Reinholt et al.，2011）。发轫于社会学研究传统的社会网络视角通常认为个体成员在网络中的位置及其效用是基于整个社会网络系统中的“同质相吸”原则形成的，不受个人意志的影响。然而，越来越多的研究表明团队成员所具有的个体特质在其调动和利用优势性社会网络构型提供的资源的过程中扮演重要角色。特别地，社会网络研究领域的领军学者 Tiziana Casciaro 和 Martin Kilduff 等人（e. g.，Casciaro et al.，2015；Kilduff & Lee，2020）在新近的综述中呼吁未来研究应当进一步整合网络视角和行为视角，充分考察成员个人的能动性因素在识别和调用网络资源中的作用。本研究响应了这一呼吁，提出焦点团队成员的知识宽度会强化成员在外部自我中心网络中的中介中心性与其边界跨越行为的正相关关系，由此为个体在网络中具有能动性这一理论观点提供了新的证据支持。

最后，本研究证实了闭包和经纪具有兼容性的理论观点。传统的社会网络文献把闭包和经纪作为一个连续体的两端——经纪有利于知识搜寻，闭包则能促进知识迁移，但两者难以同时存在并使团队组织兼顾它们所带来的效益（e.g.，Carnabuci & Diószegi，2015）。但是近期的研究发现闭包（e.g.，密度）和经纪（e.g.，中介中心性）可以并存并对知识管理和创新产出都发挥积极效应。例如，Reagans 和 McEvily（2008）的研究揭示了闭包和经纪均可以促进网络中个体的合作导向从而同时促进知识的搜寻与迁移。我们进一步发展了这一观点，提出并发现网络密度和中介中心性都可以促进团队成员的边界跨越行为，并最终有利于团队和组织的绩效。由此，本研究发展了有关闭包和经纪效用的认识：两者并非一定是非此即彼、需要权衡折中的，它们可以同时存在并产生积极效应，这为充分利用网络构型提供了新思路。

4.5.3 实践启示

除了理论意义，子研究一的结论也对团队管理具有两方面的实践启示。首先，研究结论表明团队成员可以通过利用不同的团队外部社会网络构型来开展边界跨越行为并从团队外部获得信息和知识。无论是个人外部网络的密度还是个人在外部网络中的中介中心性，对于团队成员来说都是获取和迁移知识资源的优势性的网络构型。这意味着具有不同团队外部社会网络构型的成员都有机会开展边界跨越行为。因此，团队成员可以充分发挥自己所处外部社会网络的优势，积极开展边界跨越行为。此外，团队管理者应当充分鼓励这些具有不同优势性网络构型的成员积极参与团队边界跨越活动，最大化地利用团队外部网络资源促进团队效能的提升。

其次，研究发现团队成员的知识宽度可以调节上述外部网络构型-团队边界跨越行为的关系，具有高水平的知识宽度的团队成员更能基于优势性外部网络构型开展边界跨越行为。因此，我们建议那些具有交叉职能经历的团队成员更多地开展边界跨越行为，以更好地从外部社会网络中获取多样和有用的信息资源。此外，对于团队管理者来说，一方面应当知人善任，鼓励那些具有交叉职能经历的团队更多地实施团队边界跨越行为，另一方面应当有意识地使团队成员在不同岗位交流任职以提升其知识宽度。这样一来，团队将更有可能从其成员的边界跨越行为中获得更多的外部知识资源并由此提升团队效能。

4.5.4 局限与展望

尽管子研究一在理论和实践方面都有若干重要意义，但是也不可避免地存在着一些局限性，值得后续研究进一步探索。第一，尽管我们在理论发展部分提出团队成员个人外部的网络密度可以使其更有机会获得相似的任务经验，而团队成员在个人外部网络中的中介中心性可以使其更有机会获得多样的任务经验，但我们并没有检验上述潜在的过程机制。我们建议，未来研究可以进一步实证检验是否不同的网络构型的确是通过提供不同类型的知识获取机会来促进团队成员的边界跨越行为的。特别地，我们建议，未来研究在探索上述过程机制时可以考虑采用实验研究方法，通过操作团队成员的不同外部构型（e.g.，Perry-Smith，2014）来更好地确立上述理论关系的因果逻辑。

第二，尽管我们提出团队成员的知识深度和宽度都可以提升团队成员识别并利用优势性网络位置开展边界跨越行为的可能性，但是实证结果只支持了知识宽度的调节作用。正如我们在补充分析中提及并发现的，知识深度的调节作用可能是非线性的，过高或者过低都会限制团队成员从个人外部的高密度网络中获取有用的信息资源。当然，上述结论只是事后推测，有待于未来研究从理论上进一步论证并从实证上进行检验。此外，以往研究也表明个体的认知需要或者经验的开放性也是体现个体能动性的重要特征（e.g.，Anderson，2008；Baer，2010）。我们建议未来研究可以进一步考察这些个体特质变量在网络构型-团队边界跨越行为关系之间的调节作用。

第三，子研究一从团队成员边界跨越行为对于团队乃至组织效能的重要性出发，重点关注了团队成员边界跨越行为的外部社会网络前因，由此解构了团队外部特征和团队边界跨越行为之间的关系。

然而，团队成员边界跨越行为作为一种个体实施的外部导向行为，究竟能否以及如何作用于团队效能，我们仍然没有较为清晰的答案。探索这一问题，不仅对于我们论证本研究的假设起点——团队成员边界跨越行为对于团队效能至关重要——具有重要意义，还对我们进一步理解团队外部特征-团队边界跨越行为-团队内部过程的复杂关系大有裨益。因此，我们将在后续的子研究二和子研究三中做进一步探索。

第 5 章 成员边界跨越行为与团队效能关系的微观动力机制研究

5.1 问题提出：个体边界跨越行为如何促进团队效能？

团队管理的研究者和实践者都逐渐认识到组织中的团队难以仅仅依靠其自身的知识和资源来实现组织赋予的目标；相反，它们需要频繁地开展团队边界跨越行为（e. g.，Ancona & Caldwell，1992；Drach-Zahavy & Somech，2010）。团队边界跨越行为，或者“团队成员为了响应和管理与外部环境的关系，与外部对象建立联系和发生互动的行为”（Marrone，2010；Marrone et al.，2007），已被证实能够帮助团队获得完成团队任务、实现集体目标的必要资源，从而极大地提升团队效能（Ancona & Caldwell，1992；Joshi，

Pandey，& Han，2009；Marrone，2010）。这些研究在理论和实践上都揭示了边界跨越行为对于运作在复杂、动态环境下的团队的巨大价值。

尽管现有研究对于我们理解团队边界跨越行为及其效能具有重要价值，但是这些研究也存在一定的局限性。更具体地说，边界跨越行为本质上是由团队成员个人代表团队整体完成的外部导向活动（Marrone，2010），然而当前绝大多数研究都在团队水平概念化和操作化团队边界跨越行为（e. g.，Ancona & Caldwell，1992；Drach-Zahavy & Somech，2010；Faraj & Yan，2009；Somech & Khalaili，2014）。这样一来，我们就难以解析由团队成员在个体水平实施的边界跨越行为获得的信息和资源是如何在团队中扩散并最终促进团队水平的整体效能这一问题。此外，即便是那些把边界跨越行为概念化和操作化在团队水平的研究，也没有清晰地刻画出团队边界跨越行为促进团队效能的潜在理论机制（e. g.，Faraj & Yan，2009；Mathieu，Maynard，Taylor，Gilson，& Ruddy，2007）。正如Marrone（2010）所指出的，研究边界跨越行为-团队效能关系的潜在机制无论是理论意义还是实践意义都十分重大，因为通过回答这个问题我们可以深化对团队如何能从这样的外部导向活动中获得最大化收益的认识。

为了刻画个体成员边界跨越行为如何作用于团队效能的过程机制，我们必须解构团队内部人际微观动力过程。正如我们在文献综述部分中所指出的，团队内部的人际互动是团队过程的基石（Humphrey & Aime，2014）。然而，当前包括团队边界跨越行为研究在内的多数团队效能文献都忽略了团队成员在人际的有价值变异，不加区分地假定团队成员之间的关系是等同的。囿于传统团队研究的这种假定，以往文献默认某个实施了边界跨越行为的团队成员会无差别地将从团队边界外部获得的信息和资源扩散给团队内每一位其他成员，并最终被团队处理整合以提升团队效能。然而，团队中知识的识别和利用本质上是一个发生在人际水平（relational level）的互动过程（Bunderson，2003）。换言之，即便是相同的边界跨越行为，由不同的团队成员来实施，团队中的其他同事对此的评价和反应也极有可能是不一样的。鉴于当前文献存在的上述局限性，我们有必要进一步深入分析由个体团队成员的边界跨越行为诱发的团队内部人际微观动力机制及其对团队效能的影响。

为了完善当前文献存在的不足和进一步发展边界跨越行为的效能研究，我们在本研究中将探讨由团队成员在个体水平实施的边界跨越行为获得的信息和资源如何在团队中扩散并最终促进团队水平的整体效能这一问题。为了回答该问题，本研究基于“成员动态的团队反应”框架来发展理论模型。成员动态的团队反应框架曾被以往研究用于理解团队中的人员流动（e. g.，成员替换或者离职）所诱发的互动过程及其对团队效能的影响（e. g.，Gruenfeld et al.，2000；Kane，Argote，& Levine，2005；Rink et al.，2017）。因此，用这个框架来解析团队成员在个体水平实施的边界跨越行为之后如何影响团队过程和产出是十分恰当的。成员动态的团队反应框架的核心思想是团队中某个成员跨越团队边界的流动（e. g.，边界跨越行为）有可能会诱发团队中另一个成员对当前团队工作的审视（reflection）和调整（adaptation）。在文献中，这个适应性的过程被称作团队工作反思（team work reflexivity；West，2000）。

基于这个框架，本研究发展了一个个体水平团队成员边界跨越行为如何影响团队水平效能的多水平涌现模型，借此深入分析实施边界跨越行为的团队成员 A 和表现出适应性反思行为的团队成员 B 之间人际互动以及这种团队内人际互动是如何作用于团队效能的。特别地，在这个模型中，本研究提出当一个团队成员 A 实施了边界跨越行为之后，该行为有可能会诱发另一个团队成员 B 的团队工作反思（West，2000）。采用社会关系模型（social relations models；Kenny，1994；Kenny，Kashy，& Cook，2006）的术语，本研究把团队成员 A 称为同伴者（partner），而把团队成员 B 称为行动者（actor）。事实上，鉴于团队中每个成员都有机会实施边界跨越行为和对他人的边界跨越行为做出适应性反应，所以在理论上和实证上每个团队成员都既是行动者也是同伴者。这样一来，本研究进一步提出当团队中的成员在人际都能相互诱发各自对团队工作的反思（团队内成员间的团队工作反思具有较高的密度）时，团队效能将获得提升。图 5-1 呈现了子研究二边界跨越行为与团队效能关系的微观动力机制概念模型图。我们将在接下来的小节中，详细论述假设关系的理论逻辑。

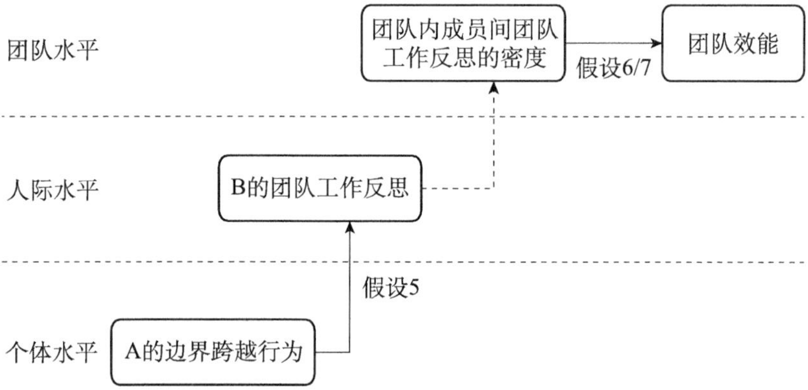

图 5-1　子研究二边界跨越行为与团队效能关系的微观动力机制概念模型

5.2　理论基础和假设提出

5.2.1　基于成员动态的团队反应框架的边界跨越行为人际后果模型

为了分析由团队成员在个体水平实施的边界跨越行为获得的信息和资源如何在团队中扩散并最终促进团队水平的整体效能这一问题，本研究采用了成员动态的团队反应框架（Kane & Rink，2017；Rink et al.，2013）。成员动态的团队反应框架是一个切题和实用的理论视角，曾被用来解释团队中的人员流动和边界跨越行为所诱发的团队内互动及其对团队效能的影响（e. g.，Gruenfeld et al.，2000；Kane，Argote，& Levine，2005；Rink et al.，2017）。根据这个框架，团队工作反思（它指的是团队成员对团队当前工作流程的审视并在此基础上对工作惯例做出调整的过程；West，2000）扮演着团队中人员流动和团队效能关系之间重要潜在过程的角色。特别地，当团队中有人员发生了跨越团队边界的流动时，团队内可能会暂时性地出现混乱，这种混乱会使团队成员保持警醒并在某种程度上促使他们改变思考和互动的方式。这样一来，团队成员很有可能在团队中发生人员流动（e. g.，团队成员边界跨越行为）的情况下开展对团队当前工作的审视（e. g.，Arrow & McGrath，1993；Choi & Thompson，2005）。而团队成员在审视当前团队工作上做出的调整，将会使团队的工作与外部环境的整体趋势和需求更加匹配，由此提升团队效能（Kane & Rink，2017；Rink et al.，2013）。基于成员动态的团队反应框架，在下文中本研究将具体分析实施边界跨越行为的团队成员A和表现出适应性反思行为的团队成员B的人际互动以及这种团队内人际互动是如何作用于团队效能的。

5.2.2　成员A的边界跨越行为与成员B的团队工作反思：人际分析

边界跨越行为指的是“团队成员为了响应和管理与外部环境的关系，与外部对象建立联系和发生互动的行为”（Marrone，2010；Marrone et al.，2007）。根据以往文献，当团队成员A跨越团队边界与外部的其他实体发生互动，他通常会代表团队向组织领导征询他们对于团队工作的要求、从其他工作互依的团队那里获取完成团队任务所需的资源，以及扫描团队所处的运行环境的整体趋势等（e. g.，Ancona & Caldwell，1992；Strobel，Tumasjan，Spoerrle，& Welpe，2017）。通过实施这样的边界跨越行为，团队成员A能够获得完成团队任务、实现集体目标的必要资源（e. g.，Ancona & Caldwell，1992；Joshi，Pandey，& Han，2009；Marrone，2010）。此外，在工作团队背景下，任务导向和集体导向是团队成员代表团队实施边界跨越行为时的两种伴随性动机（Marrone，2010）。以往研究也都表明，当团队成员通过边界跨越行为获取了重要的信息和资源时，他通常会向团队内的其他同事分享这些从外部获得的有利于提升团队效能的信息和资源（e.g.，Gittell，2002，2000；Peltokorpi & Hasu，2015；Perry-Smith & Mannucci，2017；Tushman，1977）。

根据成员动态的团队反应框架，团队成员通过边界跨越行为从外部获得的信息具有刺激性，极有可能会促使团队成员对外部环境保持警醒并改变思考和互动的方式（Kane & Rink，2017；Rink et al.，2017）。基于这个框架的核心思想，本研究进一步提出当团队成员 A 通过边界跨越行为获得并分享来自外部的信息和资源时，极有可能诱发团队内另一个团队成员 B 对团队当前工作流程的审视并在此基础上对工作惯例做出调整（即人际团队工作反思；West，2000）。更具体地说，当面对团队成员 A 获取自外部的信息和资源时，团队成员 B 将会审视考察组织领导对于所在团队的指示和期望是怎样的，存在工作互依关系的其他团队希望自己所在团队如何协调配合，以及当前所在团队的工作是否与团队外组织环境的整体趋势和需求相匹配等等（e.g.，Bresman，2010；Liu et al.，2013）。基于这样的审视思考，团队成员 B 将会考虑和提出对当前团队工作的目标和流程进行调整，以使团队更好地响应和管理与外部环境的关系（e.g.，Arrow & McGrath，1993；Schippers，den Hartog，& Koopman，2007）。综上所述，本研究提出如下假设：

假设 5：团队成员 A 的边界跨越行为和团队成员 B 的团队工作反思正相关。

5.2.3 团队内成员间团队工作反思的密度与团队效能

在上文中，本研究已经分析了团队成员 A 的边界跨越行为是如何在人际水平诱发团队成员 B 的团队工作反思的。然而，本研究深入分析发生在人际水平的微观动力过程是基于这样的假设前提：当团队需要来自所有成员的知识性投入以取得卓越效能时，团队水平的工作反思是一个重要的前置过程（e.g.，van der Vegt et al.，2006）。类似于以往那些将团队内部互动刻画为团队水平涌现状态的研究（e.g.，Liang，Shu，& Farh，2019），本研究采用团队中成员间团队工作反思的密度来捕捉这个团队水平的涌现状态。网络密度指的是团队内成员间实际的网络连结数量与可能的网络连结数量的比值（Borgatti，Everett，& Freeman，2002），描述了团队成员之间互动的频繁程度（Wasserman & Faust，1994）。在一个具有高水平成员间团队工作反思密度的团队中，每个团队成员既诱发其他成员进行团队反思，又被其他成员诱发进行团队反思。

由于下述两方面的原因，本研究认为团队内成员间团队工作反思的密度会促进团队效能。根据 Marrone 等人（Marrone，2010；Marrone et al.，2007）的定义，团队成员通过边界跨越行为获得信息和资源可以帮助团队更好地响应和管理与外部环境的关系，确保团队了解组织领导对于所在团队的指示和期望是怎样的，存在工作互依关系的其他团队希望自己所在团队如何协调配合，以及当前所在团队的工作是否和团队外组织环境的整体趋势与需求相匹配等等。这样一来，当团队中的每个成员既诱发其他成员，又被其他成员诱发基于上述从外部获得的信息和资源开展的对团队工作目标和方法的反思时，被纳入团队反思的议题的数量和范围都将大大增加（e.g.，Schippers，den Hartog，Koopman，& Wienk，2003；Shin，2014）。这就使团队具备了一个兼具深度与多样观点的知识库，它提供给团队成员在过往的工作经历中什么是有效的、什么是无效的信息（e.g.，Schippers，den Hartog，Koopman，& van Knippenberg，2008）。基于这样的知识库，团队成员将能够对过往的成功与失败的经历都形成更为系统和全面的认识（e.g.，Ellis，Carette，Anseel，& Lievens，2014）。

更进一步地，基于上述系统而全面的认识，团队成员将能够更好地形成如何调整团队目标和方法中与外部组织环境和需求不相匹配的部分的方案（e.g.，Schippers，Edmondson，& West，2014）。这样一来，团队将更好地做到与外部环境的“与时俱进、协调发展”，由此提升团队效能（e.g.，Schippers et al.，2007）。以往有关团队工作反思的定性与定量综述及元分析均表明，无论是在组织情境中还是模拟实验中，团队工作反思和团队效能都存在积极的关系(Konradt，Otte，Schippers，& Steenfatt，2016；Tannenbaum & Cerasoli，2013)。综上所述，本研究提出如下假设：

假设 6：团队内成员间团队工作反思的密度和团队效能正相关。

综合假设 5 和假设 6，实际上本研究刻画了一个个体水平团队成员边界跨越行为通过自下而上的涌现机制作用于团队效能的过程。所以，本研究提出如下假设：

假设 7：团队成员在个体水平实施的边界跨越行为是通过团队内部成员间的团队工作反思最终促进团队水平整体效能的。

5.3 研究方法

5.3.1 调研样本和调研流程

来自中国东部沿海某城市的一家电力公司的工作团队及其成员受邀参与了本研究。该电力公司的主营业务为面向公众生产和输送电力能源。为了管理在生产运作过程中所面临的技术和协调上的复杂性，该公司在组织架构设计时已经将团队作为基本运作单元。在公司内部，分布着许多具有一定工作自主性但同时和其他团队在工作上互依的工作团队。这些团队分别承担相对专业的工作任务，并以其各自所实现的组织功能贡献于工作流的整体工作目标。在日常运作过程中，它们需要为彼此提供关键的资源（例如材料、数据和信息）来完成团队各自的工作任务和实现组织整体的工作目标。根据我们对团队领导和成员的访谈，边界跨越行为是他们日常工作中的重要部分。特别地，团队成员经常需要跨越团队边界从其他团队处或者整个外部运行环境中获得有关任务或者情境的信息。此外，一个团队工作的有效性取决于其多大程度上能够基于团队成员通过边界跨越行为从同一运作单元内其他互依的团队处获得的多样性信息和资源进行反思和调整。综上所述，该组织为本研究的假设检验提供了一个合适的情境。

为了减轻共同方法偏差对于研究结论的影响（Podsakoff et al., 2003），我们在两个时间点分别向团队成员和领导收集问卷数据，两个数据收集时间点的间隔为一个月。为有效和完整地获得团队成员和领导的填答数据，我们在实施调研之前先从该公司的人力资源管理部门获取了所有参与调研的人员名单，包括来自 43 个团队的 171 名团队成员及 43 名团队领导。在时间点 1，我们请团队成员回答同一团队内的其他每一位同事实施边界跨越行为频率的问题。更具体地，本研究采用轮转法设计（round-robin design；Kenny，1994）请团队成员评价团队其他每一位成员开展边界跨越行为的频繁程度。采用这种数据收集方法时，每个人既是评价者又是被评价者。在一个月后的时间点 2，本研究仍旧采用相同的轮转法设计请团队成员回答他在与团队内其他同事互动时进行团队工作反思的频率。此外，在时间点 2 我们还请每一位团队领导评价他们所领导团队的整体工作效能。在两轮问卷的发放过程中，我们都在调研现场亲自执行，努力向所有参与调查的被试解释本研究的目的，并保证我们将对他们所提供的数据严格保密。

在 171 名团队成员中，有 136 名成员完整回答了两轮问卷中有关边界跨越行为和团队工作反思的问题，填答率为 80%。在 43 名团队领导中，有 40 名领导完整回答了第二轮问卷中有关其所领导团队的整体工作效能的问题，填答率为 93%。考虑到缺失值的存在会对团队内人际互动的估计造成偏差，本研究在进行假设检验之前先按照 Schönbrodt，Back 和 Schmukle（2012）的建议，基于已完整填写问卷的成员的数据对未完整填写的成员的数据进行了补缺处理。但是，在存在缺失的团队中，有 6 个团队完全缺失或者仅有 1 人完整填写了问卷，这导致我们无法基于已有数据进行补缺处理。因此，我们只能将来自这 6 个团队的 12 名成员排除在最终样本之外。由此，本研究的最终样本由 37 个团队中的 159 名成员所构成的 633 组对偶关系组成。在这个最终样本中，100%的被试为男性，他们的平均年龄是 30.41 岁（标准差=4.96），绝大多数人具有本科或本科以上学历（96%）。

5.3.2 变量测量方式

为了测量上文所述假设模型中的变量，本研究在已有的英文成熟量表的基础上，结合研究情境做适度改编之后形成了本研究的测量量表。考虑到量表最初是采用英文开发的而本研究在中国情境下实施测量，本研究严格按照 Brislin（1980）推荐的翻译-回译步骤来形成问卷题目。首先，我们将量表从英文原文翻译成符合调研情境的中文。然后，两名熟练掌握中文和英文的管理学博士生审阅了中英文量表，以确保语义清晰对等。除非特殊说明，团队成员和领导均在 5 点量表（1=从不/完全不符，5=总是/完全符合）上填答所有问题。

边界跨越行为（时间点 1）。本研究采用 Marrone 等人（2007）基于 Ancona 和 Caldwell（1992）的原始量表缩减之后的量表来测量边界跨越行为。该量表原有 6 个题项，但是本研究在实际测量中只选取了 3 个题项。这是因为轮转法设计需要每一位团队成员评价除本人之外的团队其他所有成员的行为，若测量题项的数目过多，则被试在填答时的认知负荷较大。我们邀请团队成员评价同一团队内的其他每一位同事在过去一个月中跨越团队边界开展代表行为、协调行为和信息扫描行为的频率。然后，我们将其他同事对某一特定团队成员有关边界跨越行为的评分加总后求均值来得到该特定团队成员边界跨越行为的相对客观得分（e.g., van der Vegt et al., 2006）。具体的测量题目包括“（同事姓名）关注了解公司和处室领导对于我们团队的指示与要求，确保我们的工作正确合理”“（同事姓名）向团队外相关方询问完成我们团队任务所需的资源以及交付工作的时间等信息，确保工作准确无误、衔接流畅”“（同事姓名）向团队外相关方咨询当前机组运行采用的技术标准和参数，确保我们团队的操作安全合规”。该测量的 Cronbach α 系数是 0.96。

团队工作反思（时间点 2）。本研究基于 Carter 和 West（1998）

对于团队反思的原始定义，从他们开发的量表中选取了 3 个题项来测量成员间的团队工作反思。与上述其他变量的测量方式相类似，本研究采用轮转法设计来测量团队成员的人际团队工作反思行为。我们邀请团队成员评价在过去一个月中他在和同一团队内的其他每一位同事的互动过程中发生审视、调整团队工作目标和方法的频率。具体测量题目包括“在与（同事姓名）的互动中，我回顾反思了工作的目标和方法”“经过与（同事姓名）的互动，我调整了工作的目标和方法以适应新的情况”“在和（同事姓名）互动时，我很容易产生以前从未有过的想法”。该测量的 Cronbach α 系数是 0.94。

团队内成员间团队工作反思的密度（时间点 2）。因为团队成员间的团队工作反思采用轮转法设计进行测量，所以事实上本研究获得的数据是成员间关于团队工作反思这个变量在团队内的社会网络。基于这样的网络矩阵数据，本研究计算了团队内成员间团队工作反思在团队中的密度（即成员间团队工作反思实际的网络连结数量与可能的网络连结数量的比值；Borgatti et al.，2002）。

团队效能（时间点 2）。本研究采用 de Jong 和 Elfring（2010）开发的 3 题项的量表来测量团队效能，请每一位团队领导评价他所领导团队的工作质量、效率和整体表现。具体测量题目包括“我们团队的工作效率很好”“我们团队的工作质量很高”“我们团队的总体工作表现很好”。该测量的 Cronbach α 系数是 0.91。

控制变量。为了降低替代性解释的可能性并提升本研究所关心的自变量（即边界跨越行为）的预测效度，本研究控制了一系列来自不同水平的控制变量。第一，在个体层面，本研究分别控制团队成员 A 和团队成员 B 的人口背景信息，包括年龄和受教育水平（e. g.，Wang & Noe，2010）。以往研究表明，年龄较小或者受教育程度较高的员工更有可能与其他同事发生知识交换（e. g.，Kim，Kim，& Yun，2015；Nerstad et al.，2018）。但是，本研究没有将性别纳入控制变量，因为在本研究的最终样本中 100%的填答者都是男性。第二，在人际水平，本研究参照以往有关人际互动的研究控制团队成员 A 和 B 的共事时间（dyadic tenure）以及团队成员 A 相较于 B 的高地位（e. g.，Liu et al.，2015）。两个具有更长共事时间的团队成员可能彼此间更加熟悉，这或许会进一步影响他们之间的知识交换过程（e. g.，Hansen，1999；Levin & Cross，2004）。本研究通过请团队成员回答他和同一团队内的其他每一位同事在一起工作的时间来测量团队成员 A 和 B 的共事时间。此外，团队成员 A 和 B 之间的地位差异也可能会影响人际互动和知识交换过程（e. g.，Blader，Shirako，& Chen，2016；Bunderson，2003）。因此，本研究参照 Liu 等人（2015）的步骤来测量 A 相较于 B 的高地位从而控制它的效应。首先，本研究采用轮转法设计请团队成员评价除本人之外的团队其他每一位成员的地位。在测量地位时，采用 Anderson，John，Keltner 和 Kring（2001）的 3 题项量表。然后，本研究将其他同事对某一特定团队成员有关地位的评分加总后求均值来得到该特定团队成员在团队内地位的得分。最后，本研究比较团队内每一对成员的地位得分值。如果团队成员 A 的地位高于 B 的地位，那么就将“A 相较于 B 的高地位”赋值为 1；如果团队成员 A 的地位低于 B 的地位，那么就将“A 相较于 B 的高地位”赋值为－1；如果团队成员 A 和 B 的地位相等，那么就将“A 相较于 B 的高地位”赋值为 0。第三，在团队水平，本研究控制了团队规模，因为当团队规模较小时，成员之间的交流互动更为方便有效，从而使团队成员 A 的边界跨越行为更有可能诱发团队成员 B 的团队工作反思行为（Carter，Mead，Stewart，Nielsen，& Solimeo，2019；Marrone，2010）。本研究根据调研之前获得的名单，计算了每个团队的成员人数，作为对团队规模的测量。

5.3.3 分析策略

为检验上文提出的假设模型，本研究分三步执行数据分析。首先，本研究对数据进行验证性因子分析（confirmatory factor analyses）以确认所测量的变量可以相互区分。其次，本研究对人际水平的因变量（即团队工作反思）进行变异分离，以确认社会关系模型

(social relations models) 适合用来分析本研究的数据。最后，本研究采用社会关系模型分析技术来检验人际水平的假设，采用逐步回归分析来检验团队水平的假设；为进一步确认假设 7 所提的跨水平中介作用，本研究采用基于参数的 (parameter-based) bootstrap 技术估计间接效应及其 95%的置信区间 (Preacher & Selig，2012)。本研究采用 Mplus 8.0 来执行上述验证性因子分析 (Muthén & Muthén，2017)，采用 "pdSRM" R 软件包来执行社会关系模型分析 (Knight & Humphrey，2019)，采用 SPSS 中的线性回归模块来执行逐步回归分析。

5.4　研究结果

5.4.1　描述性统计和验证性因子分析

考虑到将分别在人际水平和团队水平检验相应的假设关系，本研究在呈现变量的均值、标准差和相关系数时按照相应的水平分开报告。表 5-1 呈现了个体、人际和团队水平变量的描述性统计。

鉴于年龄、受教育水平、团队成员 A 和团队成员 B 的共事时间、团队规模和团队内成员间团队工作反思的密度等变量均为客观数据或者基于相对客观数据计算得到的变量，本研究仅对采用轮转法设计、由团队成员评价的三个变量 (即地位、边界跨越行为、团队工作反思) 做验证性因子分析。如图 5-2 的分析结果表明，三因子模型和数据拟合良好 ($\chi2/df=4.68$，$p<0.01$，$RMSEA=0.08$，$CFI=0.99$，$TLI=0.98$，$SRMR=0.02$)。此外，三因子模型和数据的拟合结果比三个变量被组合之后的替代性一因子模型结果更好 ($\chi2/df=84.43$，$p<0.01$，$RMSEA=0.36$，$CFI=0.67$，$TLI=0.55$，$SRMR=0.13$)。上述结果表明，本研究采用轮转法设计、由团队成员评价的三个变量的测量具有良好的效度，这为后续的假设检验奠定了基础。

表 5-1　子研究二变量的均值、标准差和相关系数

变量	均值	标准差	1	2	3
个体水平变量					
1. 年龄（客观数据）	30.41	4.96	—		
2. 受教育水平（客观数据）	2.95	0.33	−0.52**	—	
3. 团队成员 A 的边界跨越行为（成员，轮转法，时间点 1）	4.53	0.46	0.17*	−0.07	(0.96)
人际水平变量					
1. 团队成员 A 和团队成员 B 的共事时间（成员，轮转法，时间点 1）	12.84	19.71	—		
2. 团队成员 A 相较于团队成员 B 的高地位（成员，轮转法，时间点 1）	0.00	0.93	0.12**	—	
3. 团队成员 B 的团队工作反思（成员，轮转法，时间点 2）	4.14	0.83	0.06	0.19**	(0.94)
团队水平变量					
1. 团队规模（客观数据）	4.30	1.75	—		
2. 团队内成员间团队工作反思的密度（成员，网络测量，时间点 2）	4.15	0.46	−0.02	—	
3. 团队效能（领导，时间点 2）	6.47	0.51	−0.07	0.13	(0.91)

注：N=633 组对偶关系，159 名团队成员，37 个团队。* $p<0.05$；** $p<0.01$。括号中的数字为变量的 Cronbach α 系数。

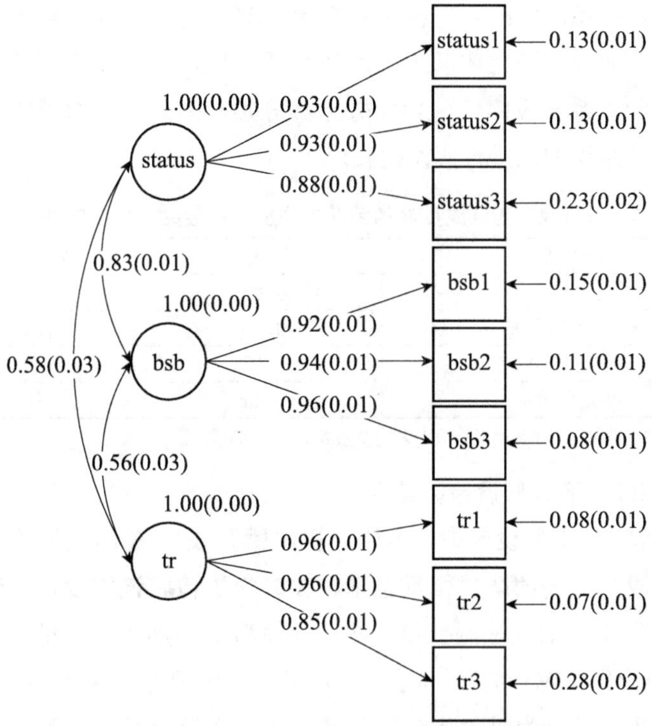

图 5－2　子研究二三因子模型的验证性因子分析结果

注：status 指代地位；bsb 指代边界跨越行为；tr 指代团队工作反思。

5.4.2　变异分离结果

在进行假设检验之前，本研究先检验零模型（null model）并将人际水平的因变量（即人际团队工作反思）的变异分离为团队效应、行动者效应、同伴者效应和关系效应四个成分，以确认社会关系模型适合用来检验本研究假设。表 5－2 呈现了变异分离的结果。从中可以看出，关系效应——反映一组对偶关系中的特定双方特殊关系的独特特点——具有可观的变异量。更具体地说，团队工作反思的关系效应占总效应的 16%。和以往研究相似，对于团队工作反思来说，来自行动者和同伴者的效应也具有较强的解释力（分别为 70%和 2%，合计 72%）。此外，与以往有关个体水平知识交换行为在团队水平的前因研究相一致，来自团队的效应也有一定的影响。更具体地说，团队工作反思的团队效应占总效应的 12%。上述变异分离的结果说明，团队内成员间的团队工作反思在团队效应、行动者效应、同伴者效应和关系效应四个变异成分上都分别具有足够的解释力，适合用社会关系模型来进行假设检验。

表 5-2　子研究二团队成员 B 的团队工作反思社会关系模型变异分离结果

变异来源	变异	百分比（%）
团队效应	0.08	12
行动者效应	0.46	70
同伴者效应	0.01	2
关系效应	0.11	16

注：N=633 组对偶关系，159 名团队成员，37 个团队。

5.4.3　研究假设检验结果

假设 5。在假设 5 中，本研究提出团队成员 A 的边界跨越行为和团队成员 B 的团队工作反思正相关。为了检验该假设，本研究首先在模型 1 中加入控制变量，然后在模型 2 中加入自变量（团队成员 A 的边界跨越行为）。从表 5-3 和图 5-3 中可以看出，团队成员 A 的边界跨越行为对团队成员 B 的团队工作反思具有显著的积极作用（模型 2，$b=0.61$，$p<0.01$）。因此，假设 5 得到支持。

表 5-3　子研究二假设 5 社会关系模型检验结果

变量	B 的团队工作反思	
	模型 1	模型 2
控制变量		
B 的年龄	−0.02	−0.01
B 的教育水平	−0.08	0.11
A 的年龄	0.00	0.00
A 的教育水平	−0.08	−0.14
A 和 B 的共事时间	0.00	0.00
A 相较于 B 的高地位	0.06**	0.05*
团队规模	−0.01	0.02
主效应		
A 的边界跨越行为		0.61**
Pseudo R^2	0.02	0.25
Δ Pseudo R^2		0.23

注：N=633 组对偶关系，159 名团队成员，37 个团队。* $p<0.05$；** $p<0.01$。

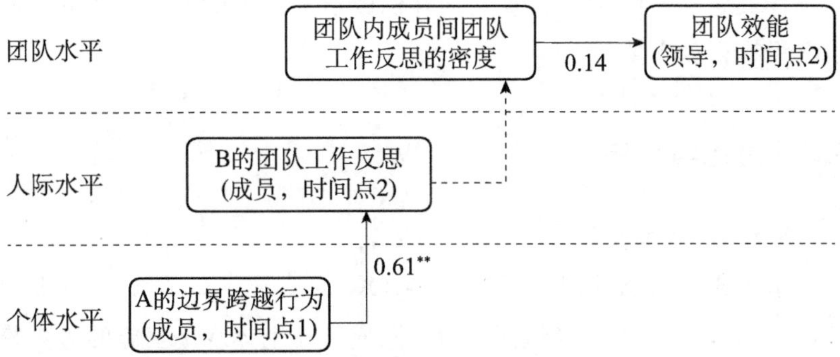

图 5-3　子研究二假设检验结果

注：N=633 组对偶关系，159 名团队成员，37 个团队。* $p<0.05$；** $p<0.01$。为了确保图形的简洁性，本图只呈现所有假设关系分析结果，其他非假设关系参见表 5-3 和表 5-4。

假设 6。在假设 6 中，本研究提出团队内成员间团队工作反思的密度和团队效能正相关。为了检验该假设，本研究首先在模型 1 中加入控制变量，然后在模型 2 中加入自变量（团队内成员间团队工作反思的密度）。从表 5-4 和图 5-3 中可以看出，团队内成员间团队工作反思的密度对团队效能具有积极但不显著的效应（模型 2，b=0.14，*n.s.*）。因此，假设 6 没有得到支持。

表 5-4　子研究二假设 6 和假设 7 回归分析检验结果

变量	团队效能	
	模型 1	模型 2
控制变量		
团队规模	−0.02	−0.02
主效应		
团队内成员间团队工作反思的密度		0.14
R^2	0.07	0.15
ΔR^2		0.08

注：N=37 个团队。* $p<0.05$；** $p<0.01$。

假设 7。在假设 7 中，本研究提出团队成员在个体水平实施的边界跨越行为是通过团队内部成员间的团队工作反思最终促进团队水平整体效能的。从上面的假设检验中，本研究发现团队内成员间团队工作反思的密度对团队效能具有积极但不显著的效应。因此，假设 7 没有得到支持。

5.5 讨论与小结

5.5.1 研究发现

基于成员动态的团队反应框架（Kane & Rink，2017；Rink et al.，2013），子研究二尝试回答由团队成员在个体水平实施的边界跨越行为获得的信息和资源如何在团队中扩散并最终促进团队水平的整体效能这一问题。基于这个框架，本研究发展了一个个体水平团队成员边界跨越行为如何影响团队水平效能的多水平涌现模型，借此深入分析了实施边界跨越行为的团队成员 A 和表现出适应性反思行为的团队成员 B 的人际互动以及这种团队内人际互动是如何作用于团队效能的。特别地，在这个模型中，本研究提出并发现，当一个团队成员 A 实施了边界跨越行为之后，有可能会诱发另一个团队成员 B 的团队工作反思（West，2000）。此外，本研究进一步提出，当团队中的成员在人际都能相互诱发各自对团队工作的反思（表征为团队内成员间团队工作反思的密度），团队效能将获得提升。以中国东部沿海某城市一家电力公司的 37 个团队中的 159 名团队成员所构建的 633 组对偶关系的问卷调查数据为样本，采用多轮次多来源设计的问卷调查，我们发现团队成员 A 的边界跨越行为和团队成员 B 的团队工作反思之间存在显著的正相关关系，但是没有证实团队内成员间团队工作反思的密度和团队效能存在显著的正相关关系。

5.5.2 理论意义

基于上述发现，子研究二有三点理论意义。第一，有别于以往绝大多数团队边界跨越行为的研究（e. g.，Ancona & Caldwell，1992；Faraj & Yan，2009），本研究将边界跨越行为概念化和操作化在个体水平，更好地还原了边界跨越行为是团队成员个人代表团队整体完成的外部导向活动的本质。正如 Marrone（2010）所指出的，实际中团队成员开展边界跨越行为的频率和类型并不一样，而以往那些采用参照点转移模型（referent-shift model）的研究却假定团队内成员的边界跨越行为是一致和共享的，这种概念化和操作化方式偏离了组织中的实际情况，也抹杀了团队成员间有关边界跨越行为及其效应的有价值变异。本研究采用的不同的概念化和操作化方式，一方面还原了团队成员边界跨越行为在组织中现象的本质，另一方面也使得我们可以基于这样新的概念化方式更好地刻画个体水平团队成员的边界跨越行为影响团队水平集体效能的自下而上的涌现效应。

第二，基于成员动态的团队反应框架（Kane & Rink，2017；Rink et al.，2013），本研究识别出团队内成员间的团队工作反思是连接个体边界跨越行为和团队效能的重要机制，由此揭示了团队成员在个体水平实施的边界跨越行为获得的信息和资源如何在团队中扩散并最终促进团队水平整体效能的潜在理论过程。虽然以往文献反复论述，通过团队边界跨越行为，团队可以获得完成团队任务和实现集体目标所必要的信息和资源，但是即便是那些把边界跨越行为概念化和操作化在团队水平的研究，也没有清晰地刻画出团队边界跨越行为促进团队效能的潜在理论机制（e. g.，Faraj & Yan，2009；Mathieu et al.，2007）。而本研究揭示了成员间的团队工作反思是连接个体边界跨越行为和团队效能的重要机制，由此深化了我们对团队如何从这样的外部导向活动中获得最大化的收益的认识。

第三，通过采用成员动态的团队反应框架来解析个体边界跨越行为对团队效能的影响，本研究的发现证明该框架是一个具有强大解释力的理论模型。这个框架认为，当团队中有人员发生了跨越团队边界的流动时，团队内可能会暂时性地出现混乱，这种混乱会使团队成员保持警醒并在某种程度上促使他们改变思考和互动的方式（Kane & Rink，2017；Rink et al.，2013）。以往基于这个框架的研究主要讨论团队成员变动（例如轮换或者离职）带来的影响（e. g.，Hirst，2009；Lewis，Belliveau，Herndon，& Keller，2007）。与此不同，本研究考察的是团队成员的边界跨越行为，由此丰富和拓展了成员动态的团队反应框架的适用范围。

5.5.3 实践启示

除了对当前文献有重要的理论贡献，子研究二的发现对于团队如何更好地从其成员的边界跨越行为中获得最大效益也有重要的实践启示。首先，研究发现每一位团队成员个人的边界跨越行为会诱发团队内其他成员的团队工作反思，后者在理论上被认为是能够有效促进团队效能的。由此，我们建议，一方面团队领导应当鼓励每一位团队成员都积极开展边界跨越，因为它能诱发有益的团队内部人际互动过程；另一方面团队领导和成员在面对通过边界跨越行为获取的异质性信息时，要保持开放的心态并积极思考团队当前的工作是否与外部环境的趋势和需求一致，这样才有可能最大化地获得团队边界跨越的收益。

其次，研究还发现团队成员个人的边界跨越行为诱发的团队工作反思存在人际差异：同一成员 A 开展边界跨越行为而获得了外部信息之后不同的成员 B 的反应可能不尽相同；同一成员 B 在面对不同的成员 A 通过边界跨越行为获得的异质性信息资源时进行团队工作反思的程度也可能是不同的。由此，我们建议团队成员在开展边界跨越行为时应充分认识到人际差异是团队工作中的常态，对于开展边界跨越的成员 A 来说，不要因为有部分同事没有基于自己从外部获得的信息开展团队工作反思而怀疑自身工作的价值，而是应更积极地看待这种差异化的反应并进一步思考更有效地开展边界跨越；而对于面对边界跨越行为的成员 B 来说，不要想当然基于人际关系中的其他因素忽略了边界跨越者提供的异质性信息资源，要理性、全面地考虑这些资源对于团队工作的价值。

5.5.4 局限与展望

除了有上述理论和实践贡献，本研究也存在若干局限，有待未来研究进一步探索。首先，尽管本研究揭示了团队成员人际工作反思是成员边界跨越行为诱发的微观动力过程，但是理论上可能还存在其他机制。例如，当边界跨越者从外部获得的知识具有较高的易用性和有效性时，团队内的其他同事可能会直接采纳和利用这样的知识。此外，正如我们在上文提及的，不同成员对于边界跨越者的评价和反应可能不尽相同，有的人不仅不会因此而反思工作或利用知识，相反会在心理上反感和厌恶。我们的研究基于以往边界跨越行为行为的文献，重点关注团队成员的边界跨越行为诱发的扰动性微观动力过程及其对团队效能的作用，因此只选取了团队工作反思这一机制，未来研究应当充分全面地考虑其他机制的可能性。

其次，尽管本研究在时间点 1 测量了边界跨越行为，并在时间点 2 测量了团队工作反思，但是我们基于上述不同时间点测量发现的正相关关系本质上还是相关而非因果关系。我们建议未来研究可以考虑实验方法，例如借鉴 Kane 等人（2005）的成员轮换研究中的实验任务，操纵团队成员的边界跨越行为，研究其对团队内其他成员团队工作反思的影响。通过这样的设计，我们对于成员个人边界跨越-人际团队工作反思关系的因果方向将有更为明确的答案。

再次，本研究的被试都是男性，这是因为我们的研究情境是电力公司，其员工的性别构成通常都是男性占绝大多数。尽管如此，以往研究也表明团队边界跨越行为的效应可能因为跨越者的性别而有所不同，这是因为人们对男性和女性有着不同的性别角色预期（e. g., Lanaj & Hollenbeck，2015）。因此，应当谨慎地把我们的研究结论向完全由女性构成或者男性女性成员都有的团队推广。未来研究也可以进一步在不同性别构成的组织或团队中再次检验我们的发现是否成立。

最后，尽管本研究在假设 6 中提出团队内成员间团队工作反思的密度和团队效能正相关，但是实证研究结果并没有支持上述假设。我们推测，团队水平过小的样本规模（$N=37$）是导致本研究没有发现上述显著正相关关系的重要原因。从表 5－1 的相关系数可以看出，团队内成员间团队工作反思的密度和团队效能之间的相关系数为正（$r=0.13$），但是效应量没有大到足够显著。换言之，团队内成员间团队工作反思的密度和团队效能之间关系的性质还是符合本研究的假设预期的。鉴于此，我们希望未来研究能够以更大的样本并在不同情境下再次检验这段关系。为此，我们在后续的子研究三中做拓展性探索，并尝试进一步回答由团队成员在个体水平实施边界跨越行为所获得的信息和资源如何（how）以及何时（when）在团队中扩散并最终促进团队水平整体效能这一问题。

第 6 章 成员边界跨越行为与团队效能关系的涌现过程权变机制研究

6.1 问题提出：个体边界跨越行为何时更有可能促进团队效能？

随着越来越多的组织面临诸如知识短缺、环境动荡、时间压力和资源匮乏等挑战，团队管理的研究者和实践者都逐渐认识到组织中的团队难以仅仅依靠自身的知识和资源来实现组织赋予的目标；相反，它们需要频繁地开展团队边界跨越行为（e.g.，Ancona & Caldwell，1992；Drach-Zahavy & Somech，2010）。团队边界跨越行为，即团队成员为了响应和管理与外部环境的关系，与外部对象建立联系和发生互动的行为（Marrone，2010；Marrone et al.，2007），已被证实能够帮助团队获得完成团队任务、实现集体目标的必要资源，从而极大地提升团队效能（Ancona & Caldwell，1992；Joshi，Pandey，& Han，2009；Marrone，2010）。这些研究在理论和实践上都揭示了边界跨越行为对于运作在复杂、动态环境下的团队的巨大价值。

尽管现有研究对于我们理解团队边界跨越行为及其效能具有重要价值，但是这些研究存在两方面的局限性。首先，当前多数文献都把团队边界跨越行为作为一个团队水平的构念加以研究，这偏离了这种行为本质上是由团队成员个人代表团队整体完成的外部导向活动（Marrone，2010）。为了解构个体水平团队成员边界跨越行为对于团队水平整体效能的影响，我们亟须在理论上构建一个能够精细刻画团队内部人际微观动力过程的多水平涌现过程模型。其次，以往有少量定性研究表明，即便是相同的边界跨越行为，由不同的团队成员来实施，团队中的其他同事对此的评价和反应也极有可能是不一样的。更具体地，团队成员实施的边界跨越行为有可能会受到团队内部分同事的欢迎和认可，但也有可能招致另一些同事的反感和厌恶，并因此造成团队整体效能的下降（Ancona，1990；Gibson & Dibble，2013）。上述证据表明，实施边界跨越行为的团队成员并不总能将从团队外部获得的信息和资源在团队内部扩散并促使团队针对外部环境变化做出适应性调整。因而，我们有必要进一步分析个体水平团队成员边界跨越行为诱发的跨水平涌现机制产生作用的边界条件。

为了完善当前文献存在的不足和进一步发展边界跨越行为的效能研究，我们在子研究三中将探讨由团队成员在个体水平实施边界跨越行为所获得的信息和资源如何以及何时会在团队中扩散并最终促进团队水平整体效能这一问题。为了回答该问题，本研究基于成员动态的团队反应框架来发展理论模型。成员动态的团队反应框架曾被以往研究用于理解团队中的人员流动（e.g.，成员替换或者离职）所诱发的互动过程及其对团队效能的影响（e.g.，Gruenfeld et al.，2000；Kane，Argote，& Levine，2005；Rink et al.，2017）。成员动态的团队反应框架的核心思想是团队中某一成员跨越团队边界的流动（e. g.，边界跨越行为）可能会诱发团队中另一个成员对当前团队工作的审视和调整。在文献中，这个适应性的过程被称作团队工作反思。此外，成员动态的团队反应框架还强调了跨边界流动成员的动机因素会影响团队其他成员基于该成员动态发生工作反思的可能性。鉴于此，我们在本研究中引入两个理论相关的调节变量：团队成员 B 感知到团队成员 A 的亲团队动机（即团队成员 B 感知到团队成员 A 愿意通过自己的努力为团队做出贡献的程度；de Dreu，Weingart，& Kwon，2000；Grant，2007）和团队绩效压力（即团队被要求为高质量的产出负责的程度；Gardner，2012；Mitchell，Baer，Ambrose，Folger，& Palmer，2018）。

基于该框架中的这一思想，子研究三在子研究二模型的基础上进一步发展了一个个体水平团队成员边界跨越行为与团队效能关系涌现过程（bottom-up emergence）的权变机制研究模型。在这个模型中，我们提出当一个团队成员 A 实施了边界跨越行为之后，它可能会诱发另一个团队成员 B 的团队工作反思（West，2000）。此外，我们还基于理论框架提出团队成员 B 感知到团队成员 A 的亲团队动机和全体团队成员感知到的团队绩效压力将会分别调节团队成员 A 的边界跨越行为和团队成员 B 的团队工作反思之间的正相关关系。最后，我们进一步提出当团队中的成员在人际都能相互诱发各自对团队工作的反思（团队内成员间的团队工作反思具有较高的密度），团队效能将获得提升。图 6 - 1 呈现了子研究三边界跨越行为与团队效能关系涌现过程权变机制概念模型图。我们将在接下来的小节中，详细论述假设关系的理论逻辑。

6.2　理论基础和假设提出

根据成员动态的团队反应框架，当一个团队成员 A 实施了边界跨越行为之后，它可能会导致团队内出现暂时的混乱，这种混乱会使另一个团队成员 B 保持警醒并在某种程度上促使自己改变思考和互动的

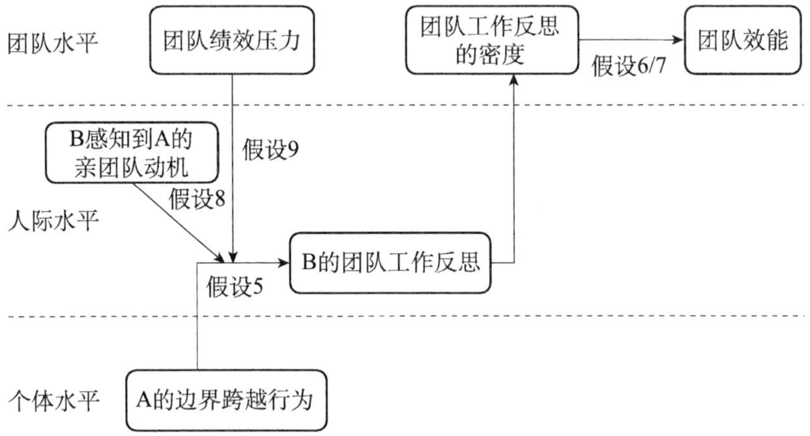

图 6-1　子研究三边界跨越行为与团队效能关系的涌现过程权变机制概念模型

方式。这样一来，团队成员 B 很有可能会因为团队成员 A 的边界跨越行为而审视团队当前工作并在此基础上对工作惯例做出调整（e. g., Arrow & McGrath，1993；Choi & Thompson，2005）；在该理论框架中，这一团队过程称为团队工作反思（West，2000）。然而，团队成员 A 的边界跨越行为只是团队成员 B 开展团队工作反思的必要而非充分条件。根据成员动态的团队反应框架，由团队成员 A 边界跨越行为诱发的团队成员 B 的团队工作反思可能会在不同水平动机因素的影响下呈现不同的关系强度。首先，该框架认为由团队成员边界跨越行为诱发的人际微观动力过程会受到成员 A 和 B 在人际水平的特征——例如感知到的亲团队动机——的影响。鉴于此，我们在本研究引入的第一个调节变量是团队成员 B 感知到团队成员 A 的亲团队动机。其次，成员动态的团队反应框架及相关研究也发现团队成员关于团队绩效的共享认知也会极大地塑造团队成员的动机和行为。鉴于此，我们在本研究中引入的第二个调节变量是团队绩效压力。

6.2.1　团队成员 B 感知到团队成员 A 的亲团队动机的调节作用

我们借鉴以往文献并将亲团队动机概念迁移到人际水平，由此将团队成员 B 感知到团队成员 A 的亲团队动机定义为团队成员 B 感知到团队成员 A 会帮助和贡献于团队的意愿（de Dreu et al.，2000；

Grant，2007）。以往有关人际互动的研究表明，个体感知到互动对象对于共同利益的关注和为实现共同利益而付出努力的意愿会极大影响个体对于互动对象的态度和反应（de Dreu & Carnevale，2003）。更具体地说，当个体感知到互动对象具有较强的亲团队动机时，他更有可能认为互动对象是温和（warm）和利他（altruistic）的（Meglino & Korsgaard，2004；Bolino & Turnley，2005；Moon，Kamdar，Mayer，& Takeuchi，2008），这会使得个体更愿意接近互动对象并产生更好的互动质量。例如，若干有关领导-下属互动的研究发现，当领导认为下属具有较高的亲社会（团队）动机时，会对下属的组织公民行为产生更积极的情绪反应，也愿意对下属的绩效表现做出更高的评价（e.g.，Allen & Rush，1998；Halbesleben，Bowler，Bolino，& Turnley，2010）。整合成员动态的团队反应框架与以往有关亲团队动机效应的研究（de Dreu et al.，2000；Grant，2007；Jia，Zhong，& Xie，2020），我们在下文中分析为什么团队成员 B 感知到团队成员 A 的亲团队动机会强化团队成员 A 的边界跨越行为和团队成员 B 的团队工作反思之间的正相关关系。

首先，个体在人际互动中所表现出来的亲团队动机会让其他与其互动的对象更愿意关注他的行为，并和他接近。作为佐证，Willer（2009）通过三个实验研究发现，当个体在团队互动中被其他成员认为更具亲团队动机时，其他成员更愿意亲近他，并在礼物互换环节赠予他更有价值的礼物。鉴于此，我们预测当团队成员 B 相信团队成员 A 具有较高水平的亲团队动机时，他会更愿意接近成员 A。团队成员 A 和 B 之间更近距离的互动将提升那些由成员 A 边界跨越行为所引入且具有刺激性的知识和信息被成员 B 注意到的可能性。此外，根据 Zahavi 和 Zahavi（1997）提出的代价信号论（costly signaling argument）的观点，当个体被认为具有一些需要付出较高代价才能获得的品质（例如亲团队导向）时，他的努力和付出将更有可能被高度评价和认真对待。鉴于此，我们认为当团队成员 B 感知到团队成员 A 具有较高水平的亲团队动机时，他会更可能仔细考虑和深度加工由团队成员 A 的边界跨越行为引入的知识和信息。由此一来，这些从外部引入的具有刺激性的知识和信息更有可能诱发团队成员 B 对于团队外部运作环境的警觉和对于团队当前工作的反思（e. g.，Ridgeway，1982；Tims & Parker，2019）。相反，当团队成员 B 认为团队成员 A 的亲团队动机水平较低时，一方面他可能更难注意到那些由成员 A 的边界跨越行为引入的具有刺激性的知识和信息；另一方面，即便他注意到了这部分知识和信息，也可能不愿意付出认知努力，通过团队工作反思来加工这些知识和信息。总之，基于上述两方面的原因，团队成员 B 感知到团队成员 A 的亲团队动机会强化团队成员 A 的边界跨越行为和团队成员 B 的团队工作反思之间的正相关关系。综上所述，本研究提出如下假设：

假设 8：团队成员 B 感知到团队成员 A 的亲团队动机调节团队成员 A 的边界跨越行为和团队成员 B 的团队工作反思之间的正相关关系；当团队成员 B 感知到团队成员 A 具有高水平的亲团队动机时，团队成员 A 的边界跨越行为和团队成员 B 的团队工作反思之间的正相关关系更强。

6.2.2 团队绩效压力的调节作用

团队绩效压力是一种特殊的压力，它源于团队成员对于“团队绩效的好坏都会为团队带来重大影响且实现高质量产出是被强烈要求的”的共享信念（Gardner，2012；Gutnick，Walter，Nijstad，& de Dreu，2012；Mitchell et al.，2018）。面临高水平团队绩效压力的团队成员深信实现或者超过预定的绩效要求将会带来巨大收益，例如奖励和晋升；而未能实现预定的绩效要求将会遭遇严重后果，例如处分甚至辞退（e. g.，Mitchell et al.，2018；Mitchell，Greenbaum，Vogel，Mawritz，& Keating，2018）。正如以往研究所刻画的那样（e. g.，Gutnick et al.，2012；Mitchell et al.，2018），团队绩效压力是高水平预期和重要性结果的混合物，它有可能对团队成员的动机和行为产生两方面的影响。首先，面临高水平团队绩效压力意味着团队成员当前的努力程度是不足以实现被赋予的绩效要求的。

为了克服绩效不佳的问题，团队成员将不得不付出更多的努力来提升自身能力以更好地完成他们的工作（e. g.，Eisenberger & Aselage，2009；Sitkin，See，Miller，Lawless，& Carton，2011）。其次，高水平的团队绩效压力也意味着团队的产出将会被严格地审查并且审查的结论有可能会造成伤害性后果，这将提升团队成员的生理唤醒水平和负面情绪体验（e. g.，Forward & Zander，1971；Gardner，2012）。为了避免潜在的损失以及与此相关的负面体验，团队成员不得不在团队工作中——特别是在遭遇困难和挑战的时候——表现出更高水平的坚持和韧性（e. g.，Carr & Steele，2009；Gutnick et al.，2012）。

由于以下两方面的原因，团队绩效压力会强化团队成员 A 的边界跨越行为和团队成员 B 的团队工作反思之间的正相关关系。第一，如上文中提到的，面临高水平的团队绩效压力对团队成员来说意味着当前的绩效表现是不足的，团队应当付出更多努力并提升自身能力，以克服绩效不足带来的困境，更好地满足外部赋予的绩效预期（e. g.，Eisenberger & Aselage，2009；Sitkin et al.，2011）。在这种情况下，如果有一个团队成员 A 跨越团队边界从外部获得了能够改进团队工作、完成团队任务、实现集体目标的信息和资源，例如有关组织领导对于所在团队的指示和期望是怎样的，存在工作互依关系的其他团队希望自己所在团队如何协调配合，以及当前所在团队的工作是否与团队外组织环境的整体趋势和需求相匹配等信息，那么团队成员 B 将非常愿意基于团队成员 A 提供的信息和资源对团队当前工作流程和方法进行审视并在此基础上对工作惯例做出调整。基于这样的审视和思考，团队成员 B 将会考虑和提出对当前团队工作目标和方法的调整，以使团队更好地响应和管理与外部环境的关系（e. g.，Arrow & McGrath，1993；Schippers，den Hartog，& Koopman，2007）。第二，高水平的团队绩效压力也意味着团队成员的工作成果将受到严格的审查并且审查的结论有可能会给他们带来伤害性的后果。面临这样的压力时，团队成员的生理唤醒水平和负面情绪体验都有可能提升（e. g.，Forward & Zander，1971；Gardner，2012）。这样一来，面临高水平绩效压力的团队成员 B 为了避免潜在损失和负面体验，会基于团队成员 A 提供的信息坚持不懈、富有韧性地思考和提出有关如何改进团队工作方法和流程的建议，尽管团队工作反思的过程涉及大量复杂的认知加工（e. g.，Carr & Steele，2009；Gutnick et al.，2012）。总之，基于上述两方面由高水平团队绩效压力给团队成员动机和行为带来的影响，团队绩效压力会强化团队成员 A 的边界跨越行为和团队成员 B 的团队工作反思之间的正相关关系。综上所述，本研究提出如下假设：

假设 9：团队绩效压力调节团队成员 A 的边界跨越行为和团队成员 B 的团队工作反思之间的正相关关系；当团队绩效压力较大时，团队成员 A 的边界跨越行为和团队成员 B 的团队工作反思之间的正相关关系更强。

6.3 研究方法

6.3.1 调研样本和调研流程

本研究选取中国东部沿海某城市一家互联网金融公司的工作团队及其成员进行调研。该互联网金融公司是以 P2B 为模式的新型互联网投融平台，为各类个人、机构及企业投资者提供投资及理财产品，为企业及个人提供直接融资服务，为金融机构或类金融机构提供各类基于收益权转让和直接融资撮合的服务。类似于子研究二的情境，该公司在组织架构设计时已经将团队作为基本运作单元，以更好地管理运作过程中所面临的技术上和协调上的复杂性。在公司内部，分布着许多具有一定工作自主性但同时和其他团队在工作上互依的工作团队。这些团队分别承担相对专业的工作任务，并以其各自所实现的组织功能贡献于工作流的整体工作目标。在日常运作过程中，团队需要为彼此提供关键的资源（例如材料、数据和信息）来完成各自的工作任务和实现组织整体的工作目标。根据我们对团队领导和成员的访谈，边界跨越行为是他们日常工作中的重要部分。特别地，团队成员经常需要跨越团队边界从其他团队处或者整个外部运行环境中获得有关任务或者情境的信息。此外，团队在日常工作中定期召开会议，以分享、讨论和整合来自不同方面的信息和资源。事实上，一个团队工作的有效性取决于其多大程度上能够基于团队成员通过边界跨越行为从其他互依的团队处获得的多样性信息和资源进行反思和调整。最后，由于过去几年经济下行以及政府对于互联网金融业的宏观调控，公司中的各类团队均面临或多或少的绩效压力。综上所述，该组织为本研究的假设检验提供了一个合适的情境。

类似于子研究二的设计，我们在两个时间点分别向团队成员和领导收集问卷数据，两个数据收集时间点的间隔为一个月。通过这样的设计，本研究希望可以更好地确立研究发现的因果逻辑并减少共同方法偏差对于研究结论的影响（Podsakoff et al.，2003）。与子研究二相似，为有效和完整地获得团队成员和领导的填答数据，我们在实施调研之前先从该公司的人力资源管理部门获取了所有参与调研的人员名单，包括来自65个团队的244名团队成员及65名团队领导。与子研究二相一致，在时间点1，我们请团队成员回答有关他所在团队每位同事实施边界跨越行为频率的问题。更具体地，本研究采用轮转法设计（Kenny，1994）请团队成员评价团队其他每一位成员开展边界跨越行为的频繁程度。采用这种数据收集方法时，每个人既是评价者又是被评价者。在一个月后的时间点2，本研究仍旧采用相同的轮转法设计请团队成员回答有关他在与团队内其他同事互动时进行团队工作反思的频率以及他感知到的每位同事的亲团队动机水平。此外，在时间点2我们还请每一位团队领导评价他们所领导团队的整体工作效能。在两轮问卷的发放过程中，我们都在调研现场亲自执行，努力向所有参与调查的被试解释本研究的目的，并保证我们将对他们所提供的数据严格保密。

在244名团队成员中，有197名成员完整回答了两轮问卷中有关边界跨越行为、感知到的亲团队动机和团队工作反思的问题，填答率为81%。在65名团队领导中，有58名领导完整回答了第二轮问卷中有关其所领导团队的整体工作效能的问题，填答率为89%。考虑到缺失值的存在会对团队内人际互动的估计造成偏差，本研究在进行假设检验之前先按照 Schönbrodt，Back 和 Schmukle（2012）的建议，基于已完整填写问卷的成员的数据对未完整填写的成员的数据进行了补缺处理。由此，本研究的最终样本由嵌套在60个团队中的225名成员所构成的698组对偶关系组成。在这个最终样本中，53%的被试为男性，平均年龄是28.30岁（标准差=3.33），绝大多数人具有本科或本科以上学历（79%）。

6.3.2 变量测量方式

本研究采用和子研究二相类似的方式来翻译量表和设计问卷。具体地，本研究在已有的英文成熟量表的基础上，结合研究情境做适度改编之后形成了测量量表。与子研究二相似，本研究严格按照 Brislin（1980）推荐的翻译-回译步骤来形成问卷题目。除非特殊说明，团队成员和领导均在5点量表（1=从不/完全不符，5=总是/完全符合）上填答所有问题。

边界跨越行为（时间点1）。类似于子研究二，本研究采用 Marrone 等人（2007）基于 Ancona 和 Caldwell（1992）的原始量表缩减之后的3题项量表来测量边界跨越行为。更具体地，本研究采用轮转法设计，邀请团队成员评价他所在团队每位同事在过去一个月中跨越团队边界开展代表行为、协调行为和信息扫描行为的频率。然后，我们将其他同事对某一特定团队成员有关边界跨越行为的评分加总后求均值来得到该特定团队成员边界跨越的相对客观得分（e.g.，van der Vegt et al.，2006）。具体的测量题目包括“（同事姓名）关注了解公司领导对于我们团队的指示与要求，确保我们的工作正确合理”“（同事姓名）向团队外相关方询问完成我们团队任务所需的资源以及交付工作的时间等信息，确保工作准确无误、衔接流畅”“（同事姓名）向团队外相关方学习宏观经济、法律和政策信息，确保我们团队的工作的合理合规”。该测量的 Cronbach α 系数是0.92。

感知到的亲团队动机（时间点 2）。本研究采用 Grant（2008）开发的 4 题项量表来测量感知到的亲团队动机。与上述其他变量的测量方式相类似，本研究采用轮转法设计来测量团队成员在人际感知到的亲团队动机。更具体地，我们邀请团队成员评价在过去一个月中他和所在团队每位同事的互动过程中感受到的该同事愿意付出努力使团队获益的动机水平。具体测量题目包括“我认为，（同事姓名）希望通过自己的工作使我们团队受益”“我认为，（同事姓名）希望通过自己的工作帮助我们团队”“我认为，（同事姓名）希望为我们团队带来积极的影响”“我认为，（同事姓名）重视通过自己的工作来帮助我们团队”。该测量的 Cronbach α 系数是 0.97。

团队工作反思（时间点 2）。本研究基于 Carter 和 West（1998）对于团队反思的原始定义，从他们开发的量表中选取了 3 个题项来测量成员间的团队工作反思。与上述其他变量的测量方式相类似，本研究采用轮转法设计来测量团队成员的人际团队工作反思行为。更具体地，我们邀请团队成员评价在过去一个月中他与所在团队每位同事的互动过程中发生审视、调整团队工作目标和方法的频率。具体测量题目包括“在与（同事姓名）的互动中，我回顾反思了工作的目标和方法”“经过与（同事姓名）的互动，我调整了工作的目标和方法以适应新的情况”“在和（同事姓名）互动时，我很容易产生以前从未有过的想法”。该测量的 Cronbach α 系数是 0.95。

团队内成员间团队工作反思的密度（时间点 2）。因为团队成员间的团队工作反思采用轮转法设计进行测量，所以事实上本研究获得的数据是成员间关于团队工作反思这个变量在团队内的社会网络。基于这样的网络矩阵数据，本研究计算了团队内成员间团队工作反思在团队中的密度（即成员间团队工作反思实际的网络连结数量与可能的网络连结数量的比值；Borgatti et al.，2002）。

团队绩效压力（时间点 2）。本研究采用 Mitchell 等人（2018）开发的 4 题项的量表来测量团队绩效压力。更具体地，在 7 点量表上，我们请每一位团队成员汇报在多大程度上他们一致认为团队的绩效表现将会受到严格的审查且审查结果有可能带来重要后果。具体测量题目包括“我们团队的绩效压力很大”“我们都觉得要实现预期的绩效目标有很大的压力”“如果不能有良好的团队绩效，我们的‘饭碗’将不保”“我们团队的氛围可以说是高度结果导向的”。该测量的 Cronbach α 系数是 0.72。

考虑到团队绩效压力是由个体水平的成员汇报却要被用于团队水平的分析，本研究计算组内一致性（e. g.，R_{wg}和平均偏离指数（Average Deviation Index）；Burke et al.，2006；James，Demaree，& Wolf，1984）和组均值信度（e. g.，ICC（1）and ICC（2）；Bliese，2000）来验证是否可以将个体水平的数据聚合到团队水平。结果表明，该变量的R_{wg}在所有团队中的均值为 0.89，中位数为 0.94。这两个数值均超过了以往拇指法则所认定的临界值（i. e.，0.70；Lebreton，Burgess，Kaiser，Atchley，& James，2003）。此外，该变量的平均偏离指数在所有团队中的均值为 0.63，远低于拇指法则所认定的 7 点量表下的临界值（i. e.，1.17；Burke et al.，1999）。所有这些结果均表明，同一团队的成员对于团队绩效压力的评价具有很高的一致性。

进一步地，本研究还通过计算团队绩效压力这一变量的 ICC（1）和 ICC（2）来判断团队均值是否具有良好的信度。本研究首先执行方差分析，以此判断该变量在不同团队间是否具有足够的变异。方差分析的结果表明，不同团队的成员所感知到的团队绩效压力有显著差异（$F=3.21$，$p<0.01$）。基于方差分析的结果，本研究进一步计算该变量的 ICC（1）和 ICC（2）。结果表明，团队绩效压力的 ICC（1）和 ICC（2）分别是 0.37 和 0.69，这两个数值都落在 Woehr，Loignon，Schmidt，Loughry 和 Ohland（2015）所统计的以往文献中不同团队水平构念的值域中。上述结果表明，同一团队的成员对于团队绩效压力的评价的团队均值具有良好的信度。综上所述，本研究可以将个体成员评价的团队绩效压力聚合到团队水平，进一步执行后续分析。

团队效能（时间点 2）。本研究采用 de Jong 和 Elfring（2010）开发的 3 题项的量表来测量团队效能。更具体地，我们请每一位团队领导评价他所领导团队的工作质量、效率和整体表现。具体测量题目包括“我们团队的工作效率很好”“我们团队的工作质量很高”“我们团队的总体工作表现很好”。该测量的 Cronbach α 系数是 0.81。

控制变量。为了降低替代性解释的可能性并提升本研究所关心的自变量（即边界跨越行为）的预测效度，本研究控制了一系列来自不同水平的控制变量。第一，在个体层面，本研究分别控制团队成员 A 和团队成员 B 的人口背景信息，包括性别、年龄和受教育水平（e. g., Wang & Noe，2010）。类似于子研究二，年龄较小或者受教育程度较高的员工更有可能卷入与其他同事的知识交换过程（e. g., Kim, Kim, & Yun，2015；Nerstad et al.，2018）。不同于子研究二，本研究的样本中男女被试几乎各占一半。而以往研究表明，女性在团队有关知识交换和利用的过程中更容易遭遇歧视和偏见，她们所持有和表达的观点不能得到充分重视（e. g., Joshi & Knight，2015；Thomas-Hunt & Phillips，2004）。因此，本研究在分析中将团队成员 A 和团队成员 B 的性别都纳入控制变量。第二，在人际水平，本研究参照以往有关人际互动的研究控制团队成员 A 和 B 的共事时间以及团队成员 A 相较于 B 的高地位（e. g., Liu et al.，2015）。两个具有更长共事时间的团队成员可能彼此间更加熟悉，这或许会进一步影响他们之间的知识交换过程（e. g., Hansen，1999；Levin & Cross，2004）。本研究通过请团队成员回答他和同一团队内的其他每一位同事在一起工作的时间来测量团队成员 A 和 B 的共事时间。此外，团队成员 A 和 B 之间的地位差异也可能会影响人际互动和知识交换过程（e. g., Blader, Shirako, & Chen，2016；Bunderson，2003）。因此，本研究参照 Liu 等人（2015）的步骤来测量 A 相较于 B 的高地位从而控制它的效应。首先，采用轮转法设计请团队成员评价除本人之外的团队其他每一位成员的地位。在测量地位时，采用 Anderson，John，Keltner 和 Kring（2001）的 3 题项量表。然后，本研究将其他同事对某一特定团队成员有关地位的评分加总后求均值来得到该特定团队成员在团队内地位的得分。最后，本研究比较团队内每一对成员的地位得分值。如果团队成员 A 的地位高于 B，那么就将“A 相较于 B 的高地位”赋值为 1；如果团队成员 A 的地位低于 B，那么就将“A 相较于 B 的高地位”赋值为一1；如果团队成员 A 和 B 的地位相等，那么就将“A 相较于 B 的高地位”赋值为 0。第三，在团队水平，本研究控制了团队规模，因为当团队规模较小时，成员之间的交流互动更为方便有效，从而使团队成员 A 的边界跨越行为更有可能诱发团队成员 B 的团队工作反思行为（Carter，Mead，Stewart，Nielsen，& Solimeo，2019；Marrone，2010）。本研究根据调研之前获得的名单，计算了每个团队的成员人数，作为对团队规模的测量。

6.3.3 分析策略

类似于子研究二，为检验上文提出的假设模型，本研究分三步执行数据分析。首先，本研究对数据进行验证性因子分析以确认所测量的变量可以相互区分。其次，本研究对人际水平的因变量（即团队工作反思）进行变异分离，以确认社会关系模型（social relations models）适合用来分析本研究的数据。最后，本研究采用社会关系模型分析技术来检验人际水平的假设，采用逐步回归分析来检验团队水平的假设；为进一步确认假设 7 所提的跨水平中介作用，本研究采用基于参数的（parameter-based）bootstrap 技术估计间接效应及其 95%的置信区间（Preacher & Selig，2012）。本研究采用 Mplus 8.0 来执行上述的验证性因子分析（Muthén & Muthén，2017），采用“pdSRM” R 软件包来执行社会关系模型分析（Knight & Humphrey，2019），采用 SPSS 中的线性回归模块来执行逐步回归分析。

6.4 研究结果

6.4.1 描述性统计和验证性因子分析

考虑到将分别在人际水平和团队水平检验相应的假设关系，本研究在呈现变量的均值、标准差和相关系数时按照相应的水平分开报告。表 6-1 呈现了个体、人际和团队水平变量的描述性统计。

表 6-1　子研究三变量的均值、标准差和相关系数

变量	均值	标准差	1	2	3	4
个体水平变量						
1. 性别（客观数据）	1.47	0.50	—			
2. 年龄（客观数据）	28.31	3.33	−0.17*	—		
3. 受教育水平（客观数据）	2.97	0.47	0.00	0.09	—	
4. 团队成员 A 的边界跨越行为（成员，轮转法，时间点 1）	3.26	0.76	−0.08	−0.04	−0.04	(0.92)
人际水平变量						
1. 团队成员 A 和团队成员 B 的共事时间（成员，轮转法，时间点 1）	8.53	7.18	—			
2. 团队成员 A 相较于团队成员 B 的高地位（成员，轮转法，时间点 1）	0.00	0.96	0.03	—		
3. 团队成员 B 感知到团队成员 A 的亲团队动机（成员，轮转法，时间点 2）	4.20	0.70	0.08*	0.21**	(0.97)	
4. 团队成员 B 的团队工作反思（成员，轮转法，时间点 2）	3.00	0.93	−0.04	0.21**	0.42**	(0.95)
团队水平变量						
1. 团队规模（客观数据）	3.75	1.16	—			
2. 团队内成员间团队工作反思的密度（成员，网络测量，时间点 2）	3.11	0.63	−0.30*	—		
3. 团队绩效压力（成员，时间点 2）	4.89	0.69	−0.23	0.32**	(0.72)	
4. 团队效能（领导，时间点 2）	5.44	0.78	−0.23	0.35*	0.09	(0.81)

注：$N=698$ 组对偶关系，225 名团队成员，60 个团队。* $p<0.05$；** $p<0.01$。括号中的数字为变量的 Cronbach α 系数。

鉴于性别、年龄、受教育水平、团队成员 A 和团队成员 B 的共事时间、团队规模和团队内成员间团队工作反思的密度等变量均为客观数据或者基于相对客观数据计算得到的变量，而团队绩效压力的测量水平为个体水平，本研究仅对采用轮转法设计、由团队成员评价的四个人际水平的变量（即地位、边界跨越行为、感知到的亲团队动机、团队工作反思）做验证性因子分析。如图 6－2 的分析结果表明，四因子模型和数据拟合良好（$\chi 2/df=3.21$，$p<0.01$，$RMSEA=0.06$，$CFI=0.99$，$TLI=0.98$，$SRMR=0.03$）。此外，四因子模型和数据的拟合结果比四个变量被组合之后的替代性一因子模型结果要更好（$\chi 2/df=77.43$，$p<0.01$，$RMSEA=0.36$，$CFI=0.49$，$TLI=0.38$，$SRMR=0.25$）。上述结果表明，本研究采用轮转法设计、由团队成员评价的四个人际变量的测量具有良好的效度，这为后续的假设检验奠定了基础。

6.4.2 变异分离结果

在进行假设检验之前，本研究先检验零模型（null model）并将人际水平的因变量（即人际团队工作反思）的变异分离为团队效应、行动者效应、同伴者效应和关系效应四个成分，以确认社会关系模型（social relations model）适合用来检验本研究假设。表 6－2 呈现了变异分离的结果。从中可以看出，关系效应——反映一组对偶关系中的特定双方特殊关系的独特特点——具有可观的变异量。更具体地说，团队工作反思的关系效应占总效应的 27%。和以往研究相似，对于团队工作反思来说，来自行动者和同伴者的效应也具有较强的解释力（分别为 37%和 12%，合计 49%）。此外，与以往有关个体水平知识交换行为在团队水平的前因研究相一致，来自团队的效应也有一定的影响。更具体地说，团队工作反思的团队效应占总效应的 24%。上述变异分离的结果说明，团队内成员间的团队工作反思在团队效应、行动者效应、同伴者效应和关系效应四个变异成分上都分别具有足够的解释力，适合用社会关系模型来进行假设检验。

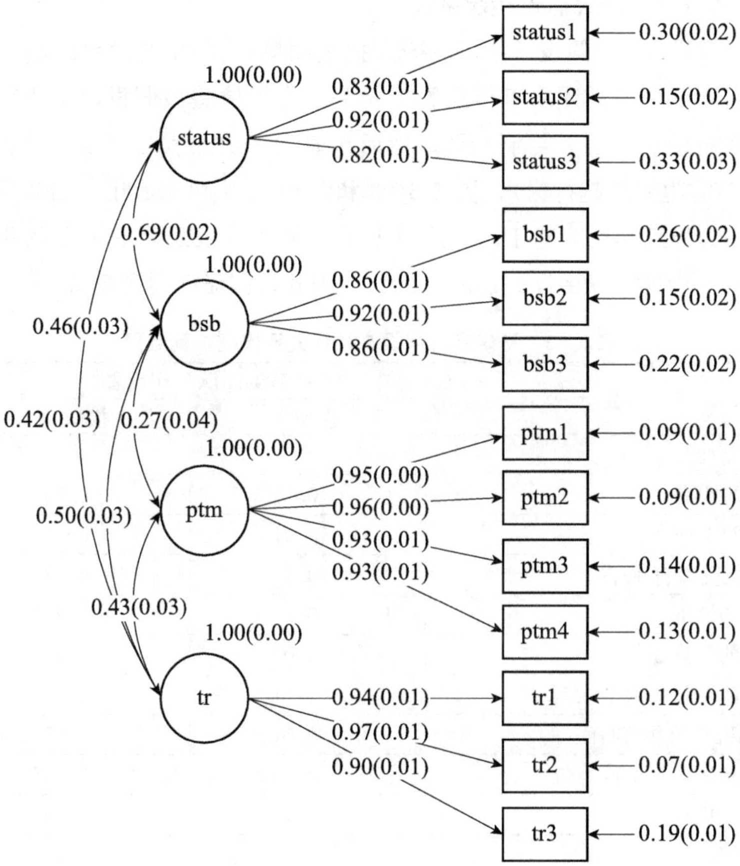

图 6－2　子研究三四因子模型的验证性因子分析结果

注：status 指代地位；bsb 指代边界跨越行为；ptm 指代亲团队动机；tr 指代团队工作反思。

表 6－2　子研究三团队成员 B 的团队工作反思社会关系模型变异分离结果

变异来源	变异	百分比（%）
团队效应	0.23	24
行动者效应	0.35	37
同伴者效应	0.11	12
关系效应	0.25	27

注：N=698 组对偶关系，225 名团队成员，60 个团队。

6.4.3 研究假设检验结果

假设 5。在假设 5 中，本研究提出团队成员 A 的边界跨越行为和团队成员 B 的团队工作反思正相关。为了检验该假设，本研究首先在模型 1 中加入控制变量，然后在模型 2 中加入自变量（团队成员 A 的边界跨越行为）。从表 6-3 和图 6-3 中可以看出，团队成员 A 的边界跨越行为对于团队成员 B 的团队工作反思具有显著的积极作用（模型 2，$b=0.36$，$p<0.01$）。因此，假设 5 得到支持。

表 6-3 子研究三假设 5 社会关系模型检验结果

变量	B 的团队工作反思	
	模型 1	模型 2
控制变量		
B 的性别	−0.05	−0.06
B 的年龄	0.01	0.01
B 的受教育水平	0.16*	0.17*
A 的性别	−0.24*	−0.23*
A 的年龄	−0.02	−0.02
A 的受教育水平	0.11	0.10
A 和 B 的共事时间	0.01*	0.01
A 相较于 B 的高地位	0.13**	0.09*
团队规模	−0.17*	−0.09
主效应		
A 的边界跨越行为		0.36**
B 感知到 A 的亲团队动机		
Pseudo R^2	0.04	0.05
ΔPseudo R^2		0.01

注：$N=60$ 个团队。* $p<0.05$；** $p<0.01$。

假设 6。在假设 6 中，本研究提出团队内成员间团队工作反思的密度和团队效能正相关。为了检验该假设，本研究首先在模型 1 中加入控制变量，然后在模型 2 中加入自变量（团队内成员间团队工作反思的密度）。从表 6-4 和图 6-3 中可以看出，团队内成员间团队工作反思的密度对团队效能具有显著的积极作用（模型 2，$b=0.38$，$p<0.05$）。因此，假设 6 得到支持。

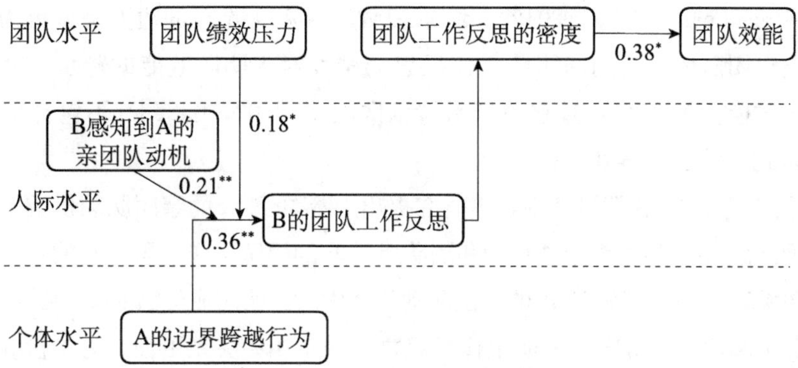

图 6-3　子研究三假设检验结果

注：N=698 组对偶关系，225 名团队成员，60 个团队。* $p<0.05$；** $p<0.01$。为了确保图形的简洁性，本图只呈现所有假设关系分析结果，其他非假设关系参见表 6-3 至表 6-6。

表 6-4　子研究三假设 6 和假设 7 回归分析检验结果

变量	团队效能	
	模型 1	模型 2
控制变量		
团队规模	−0.15	−0.09
主效应		
团队内成员间团队工作反思的密度		0.38*
R^2	0.05	0.14
ΔR^2		0.09*

注：N=60 个团队。* $p<0.05$；** $p<0.01$。

假设 7。在假设 7 中，本研究提出团队成员在个体水平实施的边界跨越行为是通过团队内部成员间的团队工作反思最终促进团队水平整体效能的。从上面的假设检验中，本研究发现团队成员 A 的边界跨越行为对于团队成员 B 的团队工作反思具有显著的积极作用，而且团队内成员间团队工作反思的密度对团队效能具有显著的积极作用，这为跨水平中介作用的成立奠定了基础。为了进一步验证这个跨水平中介作用的假设，本研究计算了其间接效应值并采用基于参数的（parameter-based）bootstrap 技术估计其 95%的置信区间

(Preacher & Selig，2012)。结果表明，团队成员 A 的边界跨越行为通过团队内成员间的团队工作反思的密度对于团队效能的跨水平间接效应值为 0.14，且它的 95%置信区间（[0.02，0.26]）不包含 0。因此，假设 7 得到支持。

假设 8。在假设 8 中，本研究提出 B 感知到 A 的亲团队动机调节团队成员 A 的边界跨越行为和团队成员 B 的团队工作反思之间的正相关关系；当 B 感知到 A 的亲团队动机较大时，团队成员 A 的边界跨越行为和团队成员 B 的团队工作反思之间的正相关关系更强。为了检验该假设，本研究首先在模型 3 中加入调节变量，然后在模型 4 中加入自变量（团队成员 A 的边界跨越行为）和调节变量（B 感知到 A 的亲团队动机）的交互项。从表 6－5 和图 6－3 中可以看出，团队成员 A 的边界跨越行为和 B 感知到 A 的亲团队动机的交互项对于团队成员 B 的团队工作反思具有显著的积极作用（模型 4，$b=0.21$，$p<0.01$）。

表 6－5　子研究三假设 8 社会关系模型检验结果

变量	B 的团队工作反思			
	模型 1	模型 2	模型 3	模型 4
控制变量				
B 的性别	−0.05	−0.06	−0.07	−0.09
B 的年龄	0.01	0.01	0.01	0.01
B 的受教育水平	0.16*	0.17*	0.17*	0.17*
A 的性别	−0.24*	−0.23*	−0.21*	−0.21*
A 的年龄	−0.02	−0.02	−0.02	−0.02
A 的受教育水平	0.11	0.10	0.06	0.05
A 和 B 的共事时间	0.01*	0.01	0.00	0.00
A 相较于 B 的高地位	0.13**	0.09*	0.05*	0.05
团队规模	−0.17*	−0.09	−0.02	0.00
主效应				
A 的边界跨越行为		0.36**	0.30**	0.28**
B 感知到 A 的亲团队动机			0.45**	0.49**
调节效应				
A 的边界跨越行为×B 感知到 A 的亲团队动机				0.21**
Pseudo R^2	0.04	0.05	0.11	0.12
ΔPseudo R^2		0.01	0.06	0.01

注：$N=698$ 组对偶关系，225 名团队成员，60 个团队。* $p<0.05$；** $p<0.01$。

为了进一步解析这个显著的调节作用，本研究按照 Cohen 等人（2003）的建议，分 B 感知到 A 的亲团队动机的高、低两个水平（即±1 倍标准差）在图 6－4 中绘制出了这个显著的调节作用。简单效应分析表明，当 B 感知到 A 的亲团队动机水平较高时，团队成员 A 的边界跨越行为对于团队成员 B 的团队工作反思具有显著而强烈的积极作用（$\beta=0.43$，$p<0.01$）；当 B 感知到 A 的亲团队动机水平较低时，团队成员 A 的边界跨越行为对于团队成员 B 的团队工作反思的作用虽然积极但不显著（$\beta=0.13$，*n. s.*）。因此，假设 8 得到支持。

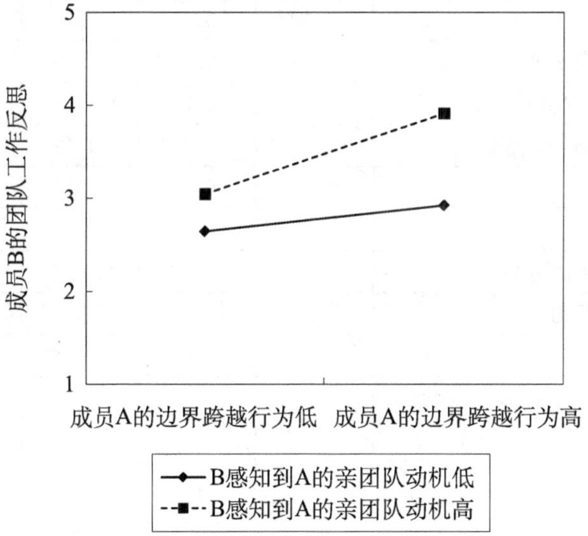

图 6－4　团队成员 B 感知到团队成员 A 的亲团队动机的调节作用

假设 9。在假设 9 中，本研究提出团队绩效压力调节团队成员 A 的边界跨越行为和团队成员 B 的团队工作反思之间的正相关关系；当团队绩效压力较大时，团队成员 A 的边界跨越行为和团队成员 B 的团队工作反思之间的正相关关系更强。为了检验该假设，本研究首先在模型 3 中加入调节变量，然后在模型 4 中加入自变量（团队成员 A 的边界跨越行为）和调节变量（团队绩效压力）的交互项。从表 6－6 和图 6－3 中可以看出，团队成员 A 的边界跨越行为和团队绩效压力的交互项对于团队成员 B 的团队工作反思具有显著的积极作用（模型 4，$b=0.18$，$p<0.05$）。

表 6-6　子研究三假设 9 社会关系模型检验结果

变量	B 的团队工作反思			
	模型 1	模型 2	模型 3	模型 4
控制变量				
B 的性别	−0.24*	−0.23*	−0.21*	−0.21*
B 的年龄	−0.02	−0.02	−0.02	−0.02
B 的受教育水平	0.11	0.10	0.09	0.10
A 的性别	−0.05	−0.06	−0.05	−0.05
A 的年龄	0.01	0.01	0.01	0.01
A 的受教育水平	0.16*	0.17*	0.16*	0.17*
A 和 B 的共事时间	0.01*	0.01	0.01	0.01
A 相较于 B 的高地位	0.13**	0.09*	0.09*	0.09*
团队规模	−0.17*	−0.09	−0.07	−0.07
主效应				
A 的边界跨越行为		0.36**	0.33**	0.32**
团队绩效压力			0.18*	0.13
调节效应				
A 的边界跨越行为 × 团队绩效压力				0.18*
Pseudo R^2	0.04	0.05	0.05	0.05
Δ Pseudo R^2		0.01	0.00	0.00

注：$N=698$ 组对偶关系，225 名团队成员，60 个团队。* $p<0.05$；** $p<0.01$。

为了进一步解析这个显著的调节作用，本研究按照 Cohen 等人（2003）的建议，分团队绩效压力的高、低两个水平（即±1 倍标准差）在图 6-5 中绘制了这个显著的调节作用。简单效应分析表明，当团队绩效压力水平较高时，团队成员 A 的边界跨越行为对于团队成员 B 的团队工作反思具有显著而强烈的积极作用（$\beta=0.42$，$p<0.01$）；当团队绩效压力水平较低时，团队成员 A 的边界跨越行为对于团队成员 B 的团队工作反思的作用虽然也显著而积极，但是效应

值削弱了很多（$\beta=0.22$，$p<0.01$）。因此，假设 9 得到支持。

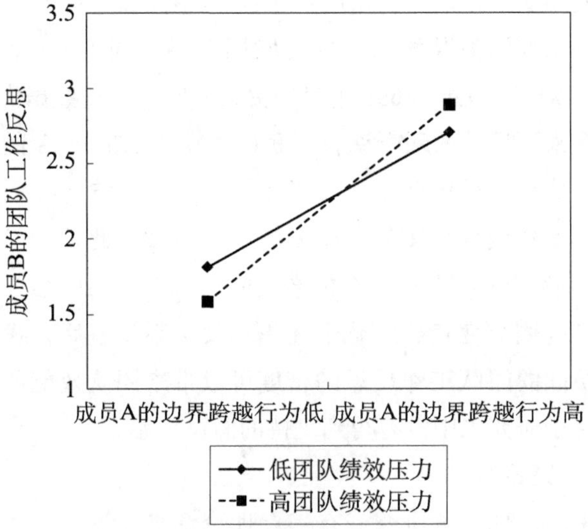

图 6-5　团队绩效压力的调节作用

6.5　讨论与小结

6.5.1　研究发现

基于成员动态的团队反应框架（Kane & Rink，2017；Rink et al.，2013），子研究三尝试回答由团队成员在个体水平实施边界跨越行为获得的信息和资源如何以及何时会在团队中扩散并最终促进团队水平整体效能这一问题。基于这个框架，我们发展了一个个体水平团队成员边界跨越行为影响团队水平效能的多水平涌现过程权变机制模型，借此深入分析了团队成员 A 的边界跨越行为-团队成员 B 的团队工作反思-团队效能这一多水平涌现过程及其发生作用的权变机制。特别地，在这个模型中，我们提出并发现，当一个团队成员 A 实施了边界跨越行为之后，可能会诱发另一个团队成员 B 的团队工作反思（West，2000）。而团队成员 B 感知到团队成员 A 的亲团队动机以及团队绩效压力会强化上述关系。此外，我们进一步提出，当团队成员在人际都能相互诱发各自对团队工作的反思（表征为团队内成员间团队工作反思的密度），团队效能将获得提升。

以中国东部沿海某城市一家互联网金融公司的 60 个团队中的 225 名团队成员所构建的 698 组对偶关系的问卷调查数据为样本，采用多轮次多来源设计的问卷调查，我们发现团队成员 A 的边界跨越行为和团队成员 B 的团队工作反思正相关，这意味着我们以不同情境的更大样本建设性地重复了子研究二的发现。此外，我们还发现团队成员 B 感知到团队成员 A 的亲团队动机以及团队绩效压力这两个理论驱动的调节变量会强化上述正相关关系。最后，我们还发现团队内成员间的团队工作反思的密度可以带来团队效能的提升，由此验证了在子研究二中没有得到支持的假设关系。

6.5.2 理论意义

基于上述发现，子研究三有三点理论意义。第一，基于成员动态的团队反应框架（Kane & Rink，2017；Rink et al.，2013），本研究识别了团队成员间的团队工作反思是连接个体边界跨越行为和团队效能的重要机制，由此揭示了团队成员在个体水平实施边界跨越行为获得的信息和资源如何在团队中扩散并最终促进团队水平整体效能的潜在理论过程。有别于以往绝大多数团队边界跨越行为的研究（e.g.，Ancona & Caldwell，1992；Faraj & Yan，2009），我们将边界跨越行为概念化和操作化在个体水平，更好地还原了边界跨越行为是团队成员个人代表团队整体完成的外部导向活动的本质。我们采用不同的概念化和操作化方式，一方面还原了团队成员边界跨越行为在组织中现象的本质，另一方面也使得我们可以基于这样新的概念化方式更好地刻画个体水平团队成员的边界跨越行为影响团队水平集体效能的自下而上的涌现效应。

第二，本研究在理论上论述和实证上发现了团队成员 B 感知到团队成员 A 的亲团队动机和全体团队成员感知到团队绩效压力分别可以调节团队成员 A 的边界跨越行为和团队成员 B 的团队工作反思之间的关系；当团队成员 B 感知到团队成员 A 的亲团队动机或全体团队成员感知到团队绩效压力较高时，团队成员 B 更有可能因为团队成员 A 的边界跨越行为开展团队工作反思。由此，本研究揭示了由团队成员边界跨越行为诱发的团队内部微观动力过程（团队内成员间的团队工作反思）取决于一定的情境权变因素，这进一步揭示了由团队成员在个体水平实施边界跨越行为获得的信息和资源何时会在团队中扩散并最终促进团队水平整体效能。这一发现深化了我们对团队成员边界跨越行为及其效应的认识，表明实施边界跨越行为的团队成员并不总能将从团队外部获得的信息和资源在团队内部扩散并且促使团队针对外部环境变化做出适应性调整。

第三，在理论上引入和在实证上揭示的团队成员 B 感知到团队成员 A 的亲团队动机和全体团队成员感知到团队绩效压力对于团队内部微观动力过程的调节作用也验证和拓展了成员动态的团队反应框架。一方面，Rink 等人（Kane & Rink，2017；Rink et al.，2013）在提出这个整合性框架时就强调，由团队成员动态诱发的内部微观动力过程可能会受到团队水平和个体水平等多方面情境因素的影响，我们在研究中有关团队绩效压力调节作用的发现证实了这一理论观点，这也进一步表明了成员动态的团队反应框架对于分析团队成员边界跨越行为的强大解释力。另一方面，以往的研究基于这个框架反复论证并发现上期较差的客观绩效能调节团队内部的微观动力过程，我们的研究则发现团队成员主观感知的外部赋予的高水平绩效预期对于团队成员 A 的边界跨越行为和团队成员 B 的团队工作反思之间的正相关关系有强化作用，这是对原有框架的拓展。此外，我们还创造性地引入并发现了团队成员 B 感知到团队成员 A 的亲团队动机这一人际水平变量的强化调节作用，这个发现既可以帮助理解以往少量研究发现的团队边界跨越者反而被认为是“害群之马”的深层原因，也再次凸显了从人际视角进一步考察微观动力过程的重要性，由此也补充和丰富了成员动态的团队反应框架。

6.5.3　实践启示

除了对当前文献有重要的理论贡献，子研究三的发现对于团队如何更好地从其成员的边界跨越行为中获得最大效益也有重要的实践启示。首先，研究发现每一位团队成员个人的边界跨越行为会诱发团队内其他成员的团队工作反思，继而促进团队效能。由此，我们建议，一方面团队领导应当鼓励每一位团队成员都积极开展边界跨越，因为它能诱发有益的团队内部人际互动过程并促进团队效能；另一方面团队领导和成员在面对通过边界跨越行为获取的异质性信息时，要保持开放的心态并积极思考团队当前的工作是否与外部环境的趋势和需求一致，这样才有可能最大化地获得团队边界跨越的收益。

其次，研究还发现团队成员 B 感知到团队成员 A 的亲团队动机具有调节作用，只有当感知到 A 在出于团队利益开展边界跨越行为时，成员 B 才更有可能因此进行团队工作反思。基于这样的发现，我们建议团队边界跨越者在开展边界跨越的同时也要向其他同事展现自己的亲团队动机，避免他们误认为自己从事这样的活动是为了牟取私利，这样才能更好地将边界跨越获得的异质性信息资源在团队内部扩散，并被团队有效整合。而团队绩效压力的强化调节作用则表明，团队管理者可以善用团队绩效压力来更好地发挥团队成员边界跨越行为的效用。管理者可以通过不同方式向团队成员传递较高水平的绩效期望以及低于绩效预期潜在的后果，由此促进团队内成员积极吸收团队边界跨越者从外部获得的信息资源，并基于此反思调整，提升团队效能。

6.5.4 局限与展望

除了有上述理论和实践贡献，本研究也存在若干局限，有待未来研究进一步探索。第一，尽管本研究揭示了团队成员人际工作反思是成员边界跨越行为诱发的微观动力过程，但是理论上可能还存在其他机制。例如，当边界跨越者从外部获得的知识具有较高的易用性和有效性时，团队内的其他同事可能会直接采纳和利用这样的知识。此外，正如我们在上文提及的，不同成员对于边界跨越者的评价和反应可能不尽相同，有的人不仅不会因此而反思工作或利用知识，相反会在心理上反感和厌恶。我们的研究基于以往边界跨越行为的文献，重点关注团队成员的边界跨越行为诱发的扰动性微观动力过程及其对团队效能的作用，因此只选取了团队工作反思这一机制，未来研究应当充分全面地考虑其他机制的可能性。

第二，成员动态的团队反应框架建议从团队、同伴者以及行动者考虑团队内微观动力过程的潜在调节因素（Rink et al.，2013）。除了已经发现的团队水平的团队绩效压力和人际水平的团队成员 B 感知到团队成员 A 的亲团队动机，我们还尝试了那些在研究中当作控制变量的个体水平特质相关构念（如团队成员 A 和 B 的人口统计学信息），但是并没有发现任何显著的调节效应。我们建议未来研究可以进一步发展并检验包含上述几个方面调节变量的理论模型，由此进一步丰富我们对于有关团队成员边界跨越行为-团队内人际团队工作反思这一团队内微观动力过程的情境权变机制的认识。

第三，尽管本研究在时间点 1 测量了边界跨越行为，并在时间点 2 测量了团队工作反思，但是我们基于上述不同时间点测量发现的正相关关系本质上还是相关而非因果关系。我们建议未来研究可以考虑实验方法，例如借鉴 Kane 等人（2005）的成员轮换研究中的实验任务，操纵团队成员的边界跨越行为、成员感知到的亲团队动机和全体团队成员感知到的团队绩效压力等变量，研究它们的交互作用对团队内其他成员团队工作反思的影响。我们认为，通过这样的设计，我们对于成员个人边界跨越-人际团队工作反思关系的因果方向及其权变机制将有更为明确的答案。

第四，尽管子研究三通过选取不同于子研究二的情境建设性地重复了团队成员 A 的边界跨越行为和团队成员 B 的团队工作反思正相关这一核心关系，但是两个子研究在很多方面也存在不同，值得未来研究进一步关注和检验。首先，子研究二的电力公司团队和子研究三的互联网金融公司团队虽然都需要频繁地对外开展边界跨越，但是两类团队的任务性质和成员构成都有较大不同。这种不同可能导致了 A 的边界跨越行为和 B 的团队工作反思的正相关关系在两个子研究中的效果量有较大不同。我们建议未来研究考虑将上述侧面的不同变量化并加以控制。其次，在子研究二中没有得到支持的假设 6 和假设 7 在子研究三中得到了支持，我们推测是因为子研究二样本量较小，也可能存在其他原因，有待未来进一步探究。

第 7 章

综合讨论与结论

团队边界跨越行为作为现代组织中团队成员频繁开展的外部导向活动，对于团队乃至组织效能都具有重要意义。尽管它在组织中具有普遍性和重要性，但是以往研究基于封闭系统视角，割裂地看待团队内外部特征，鲜少围绕团队外部社会网络结构因素考察其前因，也未能揭示本质上作为团队成员的个人代表团队实施的外部导向行为作用于团队整体效能的过程机制和边界条件。为了解决以往研究的这些问题，我们基于社会网络理论和成员动态的团队反应框架构建了一个以团队成员个体水平边界跨越行为为核心的多水平涌现模型。在这个模型中，我们首先提出团队成员的外部社会网络构型会促进其团队边界跨越行为，而这一关系又受到团队成员知识结构特征的调节。此外，我们还构建了个体成员的边界跨越行为通过团队内人际团队工作反思作用于团队效能的涌现过程，而边界跨越者的亲团队动机和全体团队成员感知到的团队绩效压力在其中发挥调节作用。为了检验上述模型，我们开展了三个系列实证研究。我们已经在前面的章节中详细介绍了每个子研究的假设关系及其逻辑，在此再次简要地总结上述子研究的发现。我们还将讨论本研究的理论贡献与实践启示，反思本研究的不足，以及对未来研究提出一些可行的建议。

7.1 研究发现

鉴于我们已经在第 4～6 章详细报告了假设检验的结果，为避免赘述，在这里我们仅报告主要研究发现。为了便于从整体上了解这些结果，我们在图 7-1 中呈现本研究假设关系检验结果汇总情况，并将相应假设关系是否得到支持列在表 7-1 中。从中可以看出，除假设 3 之外，其余假设都得到了支持。具体而言，子研究一基于中国东部沿海某城市一家电力公司的 140 名员工的问卷调查数据，发现焦点团队成员的外部自我中心网络的密度及其在外部自我中心网络中的中介中心性都和他的边界跨越行为正相关。此外，焦点团队成员的知识宽度会强化其在所处外部自我中心网络中的中介中心性与他的边界跨越行为之间的正相关关系。子研究二基于中国东部沿海某城市一家电力公司的 37 个团队中的 159 名团队成员所构建的 633 组对偶关系的问卷调查数据，发现团队成员 A 的边界跨越行为和团队成员 B 的团队工作反思之间存在显著的正相关关系。子研究三基于中国东部沿海某城市一家互联网金融公司的 60 个团队中的 225 名团队成员所构建的 698 组对偶关系的问卷调查数据，发现当一个团队成员 A 实施了边界跨越行为之后，它有可能会诱发另一个团队成员 B 的团队工作反思。并且，团队成员 B 感知到团队成员 A 的亲团队动机以及团队绩效压力这两个理论驱动的调节变量会强化团队成员 A 的边界跨越行为和团队成员 B 的团队工作反思之间的正相关关系。最后，当团队中的成员在人际都能相互诱发各自对团队工作的反思（表征为团队内成员间的团队工作反思的密度）时，团队效能将获得提升。特别地，个体成员的边界跨越行为会诱发团队内人际团队工作反思，在子研究二和子研究三中得到了交叉验证。总体而言，三个系列实证研究的假设检验结果为我们提出的以团队成员边界跨越行为为核心的前因后果涌现模型提供了充分的支持。

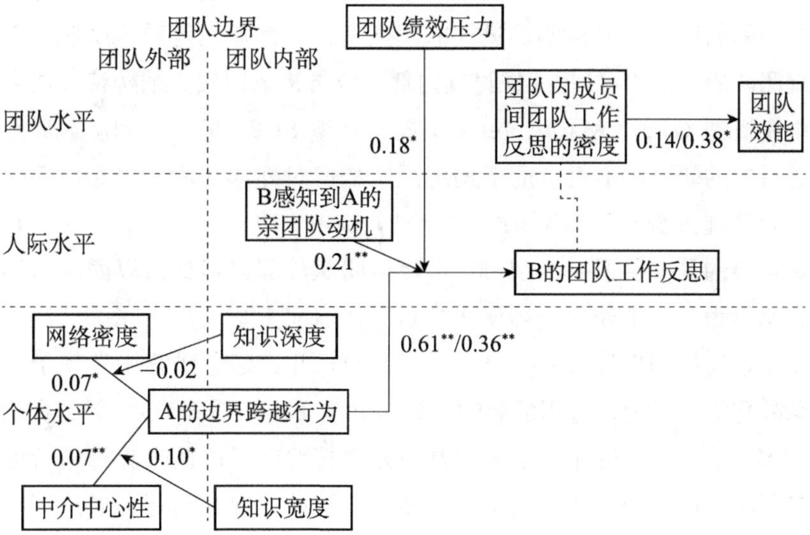

图 7-1　本研究假设关系检验结果汇总图

表 7-1　本研究假设关系检验结果汇总表

假设关系	子研究一	子研究二	子研究三
假设 1	支持	—	—
假设 2	支持	—	—
假设 3	不支持	—	—
假设 4	支持	—	—
假设 5	—	支持	支持
假设 6	—	不支持	支持
假设 7	—	不支持	支持
假设 8	—	—	支持
假设 9	—	—	支持

7.2 理论意义

本研究通过构建一个内外部整合的研究框架，探究团队成员边界跨越行为的外部社会网络前因及其对团队效能关系的自下而上涌现过程机制与边界条件。本研究的主要理论意义有如下几个方面。

第一，本研究以团队内外部整合的研究框架考察团队边界跨越行为的前因及效能机制。过往的团队研究大都孤立地看待团队，围绕团队研究的 IMO 框架探讨其内部的成员构成因素、结构特征或者中介机制（e. g.，Mathieu et al.，2017；2018；2019）。对团队边界跨越行为的研究，不仅有助于理解团队如何对外部环境做出响应从而有效管理外部环境（Marrone et al.，2007；Mathieu et al.，2019），更重要的是提供了一个契机，以探讨团队外部过程如何以团队边界跨越行为为纽带作用于团队内部过程。事实上，以往研究中已经陆续有了这样的倡议（e. g.，Choi，2002），并在定性研究中发现了团队外部活动对内部过程的影响（Gibson & Dibble，2013）。但是在绝大部分的实证研究中，学者们都只是直接检验了团队边界跨越行为与团队产出是否有正相关关系，而对于团队边界跨越行为通过影响何种内部过程进而促进效能知之甚少。团队并不是一个独立存在的孤岛（van Knippenberg，2003），要获得更加具有内部效度和生态效度的研究结论以反哺组织管理实践，未来的研究必须从“孤立地分析团队内部或外部过程”走向“内外整合分析”的框架。我们的研究设计刻画并实际检验团队成员的外部活动如何转化为内部的信息加工过程，探讨团队成员的边界跨越行为与团队效能的内在联系，有望为以团队为中心的理论发展提供更全面的证据支持。

第二，本研究以多水平涌现方式刻画团队成员边界跨越行为作用于团队效能的微观动力过程。早期的团队边界跨越行为研究都是单一水平的研究，聚焦于个体水平的边界跨越行为，抑或聚焦于团队水平的边界跨越行为。在我们能力所及的检索范围内，仅有两篇文章采用了多水平的框架讨论个体边界跨越行为对团队效能的影响（de Vries，Walter，van der Vegt，& Essens，2014；Marrone，2007），然而它们也并没有实际检验个体水平边界跨越行为如何通过涌现过程作用于团队效能。团队成员的边界跨越行为本质上是由团队成员个人代表团队整体完成的外部导向活动（Marrone，2010），当前绝大多数研究却在团队水平概念化和操作化团队边界跨越行为（e. g.，Ancona & Caldwell，1992；Drach-Zahavy & Somech，2010；Faraj & Yan，2009；Somech & Khalaili，2014）。我们的研究设计通过结合多水平研究方法与分析技术刻画了个体边界跨越行为通过团队内部人际团队工作反思作用于团队效能的涌现过程（Kozlowski et al.，2013），更加准确地捕捉了团队成员边界跨越行为的内涵属性，进一步在理论和实证上揭示了团队成员在个体水平实施边界跨越行为获得的信息和资源如何在团队中扩散并最终促进团队水平的整体效能这一过程机制。正如Marrone（2010）所指出的，研究个体边界跨越行为-团队效能关系的潜在机制，无论是理论意义还是实践意义都十分重大，因为通过回答这个问题可以深化我们对团队如何以及何时能从这样的外部导向活动中获得最大化收益的认识。

第三，本研究从多层次探究了团队成员边界跨越行为作用于团队效能的微观动力过程的权变机制。以往研究广泛讨论了团队边界跨越行为与团队效能之间的正相关关系，然而也有少量定性研究发现，团队成员实施的边界跨越行为并不总是受到团队中其他同事的欢迎和认可，相反这些边界跨越者有可能被认为是“害群之马”，并因此造成团队内部凝聚力和团队整体绩效的下降（Ancona，1990；Gibson & Dibble，2013）。本研究通过理论论述和实证检验发现，团队成员 B 感知到团队成员 A 的亲团队动机和全体团队成员感知到团队绩效压力分别可以调节团队成员 A 的边界跨越行为和团队成员 B 的团队工作反思之间的关系。具体地说，当团队成员 B 感知到团队成员 A 的亲团队动机或全体团队成员感知到团队绩效压力较高时，团队成员 B 更有可能因为团队成员 A 的边界跨越行为开展团队工作反思。由此，本研究揭示了由团队成员边界跨越行为诱发的团队内部微观动力过程（团队内成员间的团队工作反思）的发生取决于一定的情境权变因素，这进一步回答和揭示了由团队成员在个体水平实施边界跨越行为获得的信息和资源在什么条件下会在团队中扩散并最终促进团队水平整体效能。这一发现深化了我们对于团队成员边界跨越行为及其效应的认识，表明实施边界跨越行为的团队成员并不总是能够将从团队边界外部获得的信息和资源在团队内部扩散并且促使团队针对外部环境变化做出适应性调整。

第四，本研究丰富和发展了社会网络理论。一方面，我们发展了正在蓬勃演进的强调个体特征对于更好地识别和利用优势性网络构型的“个体在网络中的能动性（agency in network）”的理论与文献（e. g.，Anderson，2008；Baer，2010；Reinholt et al.，2011）。传统的社会网络研究基于社会学传统，假定个体在网络中的能动性是没有差别的，个体能否从网络中获得优势基本取决于其所具有的网络构型。但是近期的相关研究进展表明，个体的能动性水平存在较大差异，且对个体能否充分识别和利用优势性网络构型具有很大的影响。我们的研究尝试加入这一派文献的对话并揭示了团队成员的知识结构特征是一种体现能动性的新的重要个体特质。由此，本研究的发现加深了我们对于“个体在网络中的能动性”理论观点的认识。另一方面，我们的研究还发展了有关闭包和经纪可以兼容的观点。传统的社会网络文献把闭包和经纪作为一个连续体的两端（e. g.，Carnabuci & Diószegi，2015）。但是近期的研究发现闭包（如密度）和经纪（如中介中心性）可以并存并对知识管理和创新产出都发挥积极效应（e. g.，Reagans & McEvily，2008）。我们进一步发展了这一观点并揭示了密度和中介中心性都可以促进团队成员的边界跨越行为，而后者又被广泛认为可以提升团队效能。由此，本研究的发现发展了我们有关闭包和经纪效用的认识：两者并非一定是非此即彼、需要权衡折中的，它们可以同时存在并产生积极效应，这为我们充分利用网络构型提供了新思路。

第五，本研究拓展和补充了成员动态的团队反应框架。首先，通过验证团队内人际工作反思是团队成员边界跨越行为和团队效能关系的潜在重要过程机制，我们的研究展示了成员动态的团队反应框架在解构团队成员边界跨越行为效应中的有效性。这个理论框架原本是用于解构团队成员流动（如成员替换）的效应，我们的研究表明它可以被拓展使用来理解团队成员边界跨越行为带来的影响。其次，Kane 和 Rink（2017）曾呼吁未来研究在应用成员动态的团队反应框架时应尽可能地精细刻画人员流动诱发的团队内部微观动力过程。我们的研究响应这一呼吁，采用轮转法设计和多水平分析来验证团队内人际工作反思作为团队成员边界跨越行为和团队效能关系的微观过程机制，为该理论框架提供了实证基础。再次，我们引入和验证了边界跨越者的亲团队动机和全体团队成员感知到团队绩效压力作为新的重要调节变量，这进一步拓展了成员动态的团队反应框架。我们选取了人际水平的团队成员 B 感知到团队成员 A 的亲团队动机，一方面可以帮助理解以往少量研究发现的团队边界跨越者反而被认为是“害群之马”的深层原因，另一方面也再次凸显了从人际视角进一步考察微观动力过程的重要性。最后，以往研究发现团队往期绩效是一个稳健的调节变量，我们的研究则将关注点从过往真实的（低水平）实际绩效转向未来的（高水平）绩效预期，即团队绩效压力。我们的发现揭示了即便是尚未产生的绩效，即未来的绩效预期也会影响团队其他成员对于边界跨越者所迁移知识的接受程度，由此发展了成员动态的团队反应框架。

第六，本研究展现了以微观动力机制为基础的涌现过程模型在团队研究中的增量解释力。尽管团队研究在过去几十年间有了长足的发展，但是现有文献存在一个根本性的问题，那就是采用简单加总的方式来考察团队的输入因素和过程机制，忽略了这个简单的整体表征之下丰富的互动过程和事件。尽管团队成员之间的个体差异以及由此带来的人际关系与互动的差异，在以往团队研究中频繁地被提及，但是这些研究都采用聚合的方式来发展理论和检验假设。对于团队内的成员如何相互联系、互动和组织以实现个人、团队乃至组织目标的过程，这些研究几乎不作探讨和回答。这种聚合导向的单一团队水平研究存在的局限性是，它们假定团队内的个体是等同的（Dansereau，Yammarino，& Kohles，1999；Henderson & Cockburn，1994；Klein & House，1995）；由此一来，在它们的理论构建和实证检验中，原本存在于个体水平和人际水平的丰富信息，以及不同水平之间的演化过程基本被忽视了。我们将团队作为一个复杂的适应性系统（complex adaptive system）和小型网络来研究，采用社会关系模型，精确捕捉团队内成员间的人际关系及其互动，由此可以更好地刻画个体团队成员的边界跨越行为是如何通过影响团队内部的人际过程来进一步跨水平涌现影响团队效能的。由此，我们的发现可以更好地反映组织中团队工作的现实情况，使得研究结论更具生态效度（e. g.，Ramos-Villagrasa，Marques-Quinteiro，Navarro，& Rico，2018）。

7.3 实践意义

我们的研究发现对于团队管理实践，特别是如何更好地管理团队边界跨越行为并从中获得最大效益具有若干重要意义。第一，团队管理者应当鼓励成员充分利用所处优势性网络位置和知识结构，积极开展边界跨越行为。我们的研究结论表明团队成员可以通过利用不同的团队外部社会网络构型来开展边界跨越行为并从团队外部获得信息和知识。无论是个人外部网络的密度还是个人在外部网络中的中介中心性，对于团队成员来说都是获取和迁移知识资源的优势性网络构型，而团队成员的知识结构特征又会调节上述关系。因此，团队管理者应当充分鼓励那些拥有不同优势性网络构型和具有高水平知识宽度的成员积极参与团队边界跨越活动，由此最大化地利用团队外部网络资源并促进团队效能。

第二，团队管理者应鼓励成员在面对通过边界跨越行为获取的异质性信息时保持开放心态，积极开展团队工作反思。本研究发现每一位团队成员个人的边界跨越行为都有可能在一定程度上诱发团队内其他成员的团队工作反思，继而促进团队效能。由此，团队管理者应当鼓励其成员以开放的心态来处理边界跨越行为带来的信息，不能想当然地基于人际关系中的其他因素忽略了边界跨越者提供的异质性信息资源，要理性、全面地考虑这些信息对于团队工作的价值。基于这些信息，团队成员应积极思考团队当前的工作是否与外部环境的趋势和需求一致，这样才有可能最大化地获得团队边界跨越的收益。

第三，团队管理者及成员要充分考虑边界跨越行为发生作用的情境因素，避免“不合时宜”的边界跨越。我们的研究表明团队成员 B 感知到团队成员 A 的亲团队动机具有调节作用，只有当感知到 A 是出于团队利益而开展边界跨越行为时，成员 B 才更有可能因此开展团队工作反思。基于这样的发现，我们建议团队成员在开展边界跨越的同时也要向其他同事展现自己的亲团队动机，避免其他同事误认为自己从事这样的活动是为了牟取私利，这样才能更有效地将边界跨越获得的异质性信息资源在团队内部扩散，并被团队整合。而团队绩效压力的强化调节作用则表明，团队管理者可以善用团队绩效压力来更好地发挥团队成员边界跨越行为的效用。管理者可以通过不同方式向团队成员传递较高水平的绩效期望以及低于绩效预期的潜在后果，由此促进团队内成员积极吸收团队边界跨越者从外部获得的信息资源，并基于此反思调整，提升团队效能。

7.4　局限与展望

尽管本研究发现在理论和实践方面都有若干重要意义，但是也不可避免地存在着一些局限性，有待后续研究进一步探索解决。第一，本研究基于以往多数文献的传统（e.g., Edmondson, 2003;

Faraj & Yan，2009；Hirst & Mann，2004；Marrone，Tesluk，& Carson，2007），将边界跨越行为作为一个单维构念来考察。但是，边界跨越行为的对象和内容可能是有差异的。有的是面向高层管理者乃至外部利益相关者的代表性行为，有的是面向具有团队间任务互依性的协调行为，还有的是面向外部整体环境的信息扫描行为。我们建议未来研究进一步探讨面向不同对象和内容的边界跨越行为，分析不同跨越对象的特征、跨越行为的不同内容是否会诱发不同类型的团队内部过程并对团队效能产生差异化的影响。

第二，尽管我们在理论发展部分提出团队成员个人外部的网络密度可以使其更有机会获得相似的任务经验，而团队成员在个人外部网络中的中介中心性可以使其更有机会获得多样的任务经验，但我们并没有检验上述潜在的过程机制。我们建议未来研究可以进一步实证检验是否不同的网络构型的确是通过提供不同类型的知识获取机会来促进团队成员的边界跨越行为的。特别地，我们建议未来研究在探索上述过程机制时可以考虑采用实验研究方法，通过操作团队成员的不同外部构型（e.g.，Perry-Smith，2014）来更好地确立上述理论关系的因果逻辑。

第三，尽管本研究揭示了团队成员人际工作反思是成员边界跨越行为诱发的微观动力过程，但是理论上可能还存在其他机制。正如前面提及的，不同成员对于边界跨越者的评价和反应可能不尽相同，有的人不仅不会因此而反思工作或利用知识，相反会在心理上反感和厌恶。我们的研究基于以往边界跨越行为的文献，重点关注团队成员的边界跨越行为诱发的扰动性微观动力过程及其对团队效能的作用，因此只选取了团队工作反思这一机制，未来研究可以更全面地考虑其他机制的可能性。

第四，成员动态的团队反应框架建议从团队、同伴者（即团队成员 A）以及行动者（即团队成员 B）考虑团队内微观动力过程的潜在调节因素（Rink et al.，2013）。除了已经发现的团队水平的团队绩效压力和人际水平的团队成员 B 感知到团队成员 A 的亲团队动机，我们还尝试了那些在本研究中当作控制变量的个体水平特质相关构念（例如团队成员A和B的人口统计学信息），但是并没有发现任何显著的调节效应。我们建议未来研究可以进一步发展并检验包含上述几个方面调节变量的理论模型，由此进一步丰富我们对于有关团队成员边界跨越行为-团队内人际团队工作反思这一团队内微观动力过程的情境权变机制的认识。

第五，在本研究中，我们假定每一位团队成员均有机会开展边界跨越行为，只是其机会大小受社会结构因素的影响，同时对于同一成员的边界跨越行为，不同同事的反应也不尽相同。我们做上述假定的出发点是希望能够借由我们的研究发现，为有效激活组织中的每一位个体提供一些启示。这也与当前数字化转型和组织重构大背景下强调赋能每一位组织成员的呼吁相契合。当然，我们也承认在一些相对传统的组织中的团队内，成员的边界跨越行为可能与其承担的角色和分工密切相关。可能是因为某个成员承担了具有对外联络功能的角色，其更有可能占据了优势性的网络位置继而提升了边界跨越的可能性；也有可能是因为成员承担的对外联络的角色，使其通过边界跨越行为获取的知识和信息更有可能引起其他同事的关注和重视，继而诱发团队的微观动力过程。我们建议未来研究进一步考察特定角色成员的边界跨越行为及其前因与效能机制。

第六，尽管我们的研究采用了不同源不同时的方法来收集数据并检验假设关系，但是本质上我们的发现还只是变量间的相关关系而非因果关系。特别地，我们需要谨慎地解读子研究二和子研究三的研究发现。两项研究发现团队成员A的边界跨越行为和团队成员B的团队工作反思正相关，但无法断定成员B的团队工作反思一定是由成员A的边界跨越行为获得的知识引起的。我们建议未来研究可以采用案例研究、现场问卷研究和实验研究三种方法交叉验证本研究的发现，进一步增强本研究结论的内部效度和外部效度。

7.5 本书结论

随着越来越多的组织面临诸如知识短缺、环境动荡、时间压力和资源匮乏等挑战，管理的研究者和实践者都逐渐认识到组织中的团队难以仅仅依靠自身的知识和资源来实现组织赋予的目标；相反，它们需要频繁地开展团队边界跨越行为。团队边界跨越行为，或者“团队成员为了响应和管理与外部环境的关系，与外部对象建立联系和发生互动的行为”，已被证实对团队乃至组织效能都具有重要意义。然而，以往有关团队边界跨越行为的研究主要基于封闭系统视角，割裂地看待团队内外部特征，鲜少从团队外部社会网络结构因素考察其前因，也未能揭示本质上作为团队成员的个人代表团队实施的外部导向行为作用于团队整体效能的过程机制和边界条件。从上述现实背景和理论问题出发，我们基于社会网络理论和成员动态的团队反应框架构建了一个以团队成员个体水平边界跨越行为为核心的多水平涌现概念模型，并开展了三个系列实证研究进行检验。我们的研究发现，团队成员的外部社会网络构型会影响其团队边界跨越行为，而这一关系又受到团队成员的知识结构特征的调节。我们还发现个体成员的边界跨越行为通过团队内人际团队工作反思作用于团队效能的涌现过程，而边界跨越者的亲团队动机和全体团队成员感知到的团队绩效压力会调节上述关系。上述研究结论有助于我们从团队内外部整合的视角来理解团队成员边界跨越行为的前因后果，同时也为现实组织中的团队领导及其成员更好地管理团队边界跨越行为提供了一些实践启示。

参考文献

[1] 陈公海．企业研发团队非正式网络的结构特征对产品创新绩效影响的研究．博士学位论文，中国人民大学，2008.

[2] 邓志华．个体现代性背景下谦卑型领导对跨界行为的影响．经济管理，2018，40（9）：123－137.

[3] 丁晓斌，李志刚．领导者情绪智力、团队宽容氛围对边界管理的影响——一个有中介的交互效应模型构建．领导科学，2016，29（1）：38－41.

[4] 董洁林．迭代创新：小米能走多远?．清华管理评论，2014，6（1）：48－53.

[5] 韩宏稳．家长式领导、跨界活动与团队成员创造力：基于我国国有企业的实证研究．天津大学学报（社会科学版），2018，20（6）：512－520.

[6] 刘善仕，周子琛，肖祥伟．基于微创新能力下的人力资源实践研究——以腾讯为例．中国人力资源开发，2015，12 (1)：77-82.

[7] 刘松博．自主支持对员工创新的跨层次影响机制——团队和领导双向学习的作用．经济管理，2013，35 (1)：80-88.

[8] 刘小娟，邓春平，王国锋，潘绵臻．基于角色重载与知识获取的IT员工跨边界活动对工作满意度的影响．管理学报，2015，12 (9)：1402-1412.

[9] 罗仲伟，任国良，焦豪，蔡宏波，许扬帆．动态能力、技术范式转变与创新战略——基于腾讯微信“整合”与“迭代”微创新的纵向案例分析．管理世界，2014，8 (1)：152-168.

[10] 石冠峰，杨高峰．变革型领导与知识型团队绩效：边界管理的中介作用．商业研究，2015，11 (1)：155-162.

[11] 魏雨宸，金国华，李铭泽．团队跨边界行为：前因、后果及作用机制．中国人力资源开发，2018，35 (9)：73-84.

[12] 忻榕，陈威如，侯正宇．平台化管理：数字时代企业转型升维之道．北京：机械工业出版社，2019.

[13] 徐兵，石冠峰．变革型领导对团队创造力的影响机制研究：团队反思与团队边界管理的中介作用．科技管理研究，2014，34 (18)：19-25.

[14] 徐伟青，檀小兵，奉小斌，陈丽琼．国外团队社会网络研究回顾与展望：基于知识转移视角．外国经济与管理，2011，33 (11)：29-38.

[15] 薛会娟．国外团队跨界行为研究回顾与展望．外国经济与管理，2010，32 (9)：10-15.

[16] 殷家山．团队社会资本与团队效能关系的实证研究．硕士学位论文，华东理工大学，2011.

[17] 袁庆宏，张华磊，王震，黄勇．研发团队跨界活动对团队创新绩效的“双刃剑”效应——团队反思的中介作用和授权领导的调节作用．南开管理评论，2015，18 (3)：13-23.

［18］张华磊，袁庆宏，王震，黄勇．核心自我评价、领导风格对研发人员跨界行为的影响研究．管理学报，2014，11（8）：1168－1176.

［19］张辉，白长虹，陈晔．饭店员工心理所有权与跨界行为关系研究．旅游学刊，2012，27（4）：82－90.

［20］张祎．获取与转化：团队内外交流网络明星的创造力研究．硕士学位论文，南京大学，2014.

［21］Aldrich，H.，& Herker，D. Boundary Spanning Roles and Organization Structure. Academy of Management Review，1977，2（2）：217－230.

［22］Allen，T. D.，& Rush，M. C. The Effects of Organizational Citizenship Behavior on Performance Judgments：A Field Study and a Laboratory Experiment. Journal of Applied Psychology，1998，83（2）：247－260.

［23］Allen，T. J.，& Cohen，S. I. Information Flow in Research and Development Laboratories. Administrative Science Quarterly，1969，14（1）：12－19.

［24］Ancona，D. G. Outward Bound：Strategies for Team Survival in an Organization. Academy of Management Journal，1990，33（2）：334－365.

［25］Ancona，D. G.，& Caldwell，D. F. Bridging the Boundary：External Activity and Performance in Organizational Teams. Administrative Science Quarterly，1992，37（4）：634－665.

［26］Ancona，D. G.，& Caldwell，D. Beyond Boundary Spanning：Managing External Dependence in Product Development Teams. The Journal of High Technology Management Research，1990，1（2）：119－135.

［27］Ancona，D.，& Caldwell，D. Compose Teams to Assure Successful Boundary Activity. In E. A. Locke. Handbook of Principles of Organizational Behavior：Indispensable Knowledge for Evidence-based Management. Hoboken, NJ: John Wiley & Sons, Inc., 2009: 295 - 307.

[28] Anderson, C., John, O. P., Keltner, D., & Kring, A. M. Who Attains Social Status? Effects of Personality and Physical Attractiveness in Social Groups. Journal of Personality and Social Psychology, 2001, 81 (1): 116 - 132.

[29] Anderson, M. H. Social Networks and the Cognitive Motivation to Realize Network Opportunities: A Study of Managers' Information Gathering Behaviors. Journal of Organizational Behavior, 2008, 29 (1): 51 - 78.

[30] Argote, L., Aven, B. L., & Kush, J. The Effects of Communication Networks and Turnover on Transactive Memory and Group Performance. Organization Science, 2018, 29 (2): 191 - 206.

[31] Arrow, H., McGrath, J. E., & Berdahl, J. L. Small Groups as Complex Systems: Formation, Coordination, Development, and Adaption. Thousand Oaks: SAGE, 2000.

[32] Arrow, H., & McGrath, J. E. Membership Matters: How Member Change and Continuity Affect Small Group Structure, Process, and Performance. Small Group Research, 1993, 24 (3): 334 - 361.

[33] Baer, M. The Strength-of-Weak-Ties Perspective on Creativity: A Comprehensive Examination and Extension. Journal of Applied Psychology, 2010, 95 (3): 592 - 601.

[34] Baldwin, T. T., Bedell, M. D., & Johnson, J. L. The Social Fabric of a Team-Based MBA Program: Network Effects on Student Satisfaction and Performance. Academy of Management Journal, 1997, 40 (6): 1369 - 1397.

[35] Balkundi, P., Wang, L., & Kishore, R. Teams as Boundaries: How Intra-Team and Inter-Team Brokerage Influence Network Changes in Knowledge-Seeking Networks. Journal of Or-

ganizational Behavior, 2019, 40 (3): 325 - 341.

[36] Bauer, D. J., Preacher, K. J., & Gil, K. M. Conceptualizing and Testing Random Indirect Effects and Moderated Mediation in Multilevel Models: New Procedures and Recommendations. Psychological Methods, 2006, 11 (2): 142 - 163.

[37] Beal, D. J., Cohen, R. R., Burke, M. J., & McLendon, C. L. Cohesion and Performance in Groups: A Meta-Analytic Clarification of Construct Relations. Journal of Applied Psychology, 2003, 88 (6): 989 - 1004.

[38] Behfar, K. J., Peterson, R. S., Mannix, E. A., & Trochim, W. M. K. The Critical Role of Conflict Resolution in Teams: A Close Look at the Links Between Conflict Type, Conflict Management Strategies, and Team Outcomes. Journal of Applied Psychology, 2008, 93 (1): 170 - 188.

[39] Bell, S. T. Deep-Level Composition Variables as Predictors of Team Performance: A Meta-Analysis. Journal of Applied Psychology, 2007, 92 (3): 595 - 615.

[40] Bell, S. T., Villado, A. J., Lukasik, M. A., Belau, L., & Briggs, A. L. Getting Specific About Demographic Diversity Variable and Team Performance Relationships: A Meta-Analysis. Journal of Management, 2011, 37 (3): 709 - 743.

[41] Bentler, P. M., & Chou, C. Practical Issues in Structural Modeling. Sociological Methods & Research, 1987, 16 (1): 78 - 117.

[42] Bergeron, D. M. The Potential Paradox of Organizational Citizenship Behavior: Good Citizens at What Cost? Academy of Management Review, 2007, 32 (4): 1078 - 1095.

[43] Bezrukova, K., Jehn, K. A., Zanutto, E. L., & Thatcher, S. M. B. Do Workgroup Faultlines Help or Hurt? A Moderated Model of Faultlines, Team Identification, and Group Per-

formance. Organization Science, 2009, 20 (1): 35 - 50.

[44] Blader, S. L., Shirako, A., & Chen, Y. Looking Out from the Top: Differential Effects of Status and Power on Perspective Taking. Personality and Social Psychology Bulletin, 2016, 42 (6): 723 - 737.

[45] Blau, P. M. Inequality and Composition: A Primitive Theory of Social Structure. New York: Free Press, 1977.

[46] Bliese, P. D. Within-Group Agreement, Non-Independence, and Reliability: Implications for Data Aggregation and Analysis. In Katherine J. Klein, & Steve W. J. Kozlowski. Multilevel Theory, Research, and Methods in Organizations: Foundations, Extensions, and New Directions. San Francisco, CA: Jossey-Bass, 2000: 349 - 381.

[47] Bolino, M. C., & Turnley, W. H. The Personal Costs of Citizenship Behavior: The Relationship Between Individual Initiative and Role Overload, Job Stress, and Work-Family Conflict. Journal of Applied Psychology, 2005, 90 (4): 740 - 748.

[48] Borgatti, S. P. Analyzing Social Networks. Los Angeles: SAGE, 2013.

[49] Borgatti, S. P., Everett, M. G., & Freeman, L. C. UCINET for Windows: Software for Social Network Analysis. Harvard, MA: Analytic Technologies, 2002.

[50] Bradley, B. H., Postlethwaite, B. E., Klotz, A. C., Hamdani, M. R., & Brown, K. G. Reaping the Benefits of Task Conflict in Teams: The Critical Role of Team Psychological Safety Climate. Journal of Applied Psychology, 2012, 97 (1): 151 - 158.

[51] Bresman, H. External Learning Activities and Team Performance: A Multimethod Field Study. Organization Science, 2010, 21 (1): 81 - 96.

[52] Bresman, H. Changing Routines: A Process Model of Vicarious Group Learning in Pharmaceutical R&D. Academy of Management Journal, 2013, 56 (1): 35－61.

[53] Brewer, M. B. The Social Self: On Being the Same and Different at the Same Time. Personality and Social Psychology Bulletin, 1991, 17 (5): 475－482.

[54] Brislin, R. W. Translation and Content Analysis of Oral and Written Material. In H. C. Triandis, & J. W. Berry. Handbook of Cross-Cultural Psychology. Boston, MA: Allyn & Bacon, 1980: 349－444.

[55] Bunderson, J. S. Recognizing and Utilizing Expertise in Work Groups: A Status Characteristics Perspective. Administrative Science Quarterly, 2003, 48 (4): 557－591.

[56] Burke, C. S., Stagl, K. C., Klein, C., Goodwin, G. F., Salas, E., & Halpin, S. M. What Type of Leadership Behaviors are Functional in Teams? A Meta-Analysis. The Leadership Quarterly, 2006, 17 (3): 288－307.

[57] Burt, R. S. Structural Holes: The Social Structure of Competition. Cambridge, Mass.: Harvard University Press, 1992.

[58] Burt, R. S. Structural Holes and Good Ideas. American Journal of Sociology, 2004, 110 (2): 349－399.

[59] Burt, R. S. Brokerage and Closure: An Introduction to Social Capital. Oxford: Oxford University Press, 2005.

[60] Burt, R. S., Kilduff, M., & Tasselli, S. Social Network Analysis: Foundations and Frontiers on Advantage. Annual Review of Psychology, 2013, 64 (1): 527－547.

[61] Carnabuci, G., & Diószegi, B. Social Networks, Cognitive Style, and Innovative Performance: A Contingency Perspective. Academy of Management Journal, 2015, 58 (3): 881－905.

[62] Carr, P. B., & Steele, C. M. Stereotype Threat and Inflexible Perseverance in Problem Solving. Journal of Experimental Social Psychology, 2009, 45 (4): 853 - 859.

[63] Carter, K. M., Mead, B. A., Stewart, G. L., Nielsen, J. D., & Solimeo, S. L. Reviewing Work Team Design Characteristics Across Industries: Combining Meta-Analysis and Comprehensive Synthesis. Small Group Research, 2019, 50 (1): 138 - 188.

[64] Carter, S. M., & West, M. A. Reflexivity, Effectiveness, and Mental Health in BBC-TV Production Teams. Small Group Research, 1998, 29 (5): 583 - 601.

[65] Casciaro, T., Barsade, S. G., Edmondson, A. C., Gibson, C. B., Krackhardt, D., & Labianca, G. The Integration of Psychological and Network Perspectives in Organizational Scholarship. Organization Science, 2015, 26 (4): 1162 - 1176.

[66] Cha, J., Kim, Y., Lee, J. Y., & Bachrach, D. G. Transformational Leadership and Inter-Team Collaboration: Exploring the Mediating Role of Teamwork Quality and Moderating Role of Team Size. Group & Organization Management, 2015, 40 (6): 715 - 743.

[67] Chan, D. Functional Relations Among Constructs in the Same Content Domain at Different Levels of Analysis: A Typology of Composition Models. Journal of Applied Psychology, 1998, 83 (2): 234 - 246.

[68] Chi, M. T., Feltovich, P. J., & Glaser, R. Categorization and Representation of Physics Problems by Experts and Novices. Cognitive Science, 1981, 5 (2): 121 - 152.

[69] Choi, H., & Levine, J. M. Minority Influence in Work Teams: The Impact of Newcomers. Journal of Experimental Social Psychology, 2004, 40 (2): 273 - 280.

[70] Choi, H., & Thompson, L. Old Wine in a New Bottle: Impact of Membership Change on Group Creativity. Organizational Behavior and Human Decision Processes, 2005, 98 (2): 121-132.

[71] Choi, J. N. External Activities and Team Effectiveness Review and Theoretical Development. Small Group Research, 2002, 33 (2): 181-208.

[72] Chung, Y., & Jackson, S. E. The Internal and External Networks of Knowledge-Intensive Teams: The Role of Task Routineness. Journal of Management, 2013, 39 (2): 442-468.

[73] Cohen, J., Cohen, P., West, S. G., & Aiken, L. S. Applied Multiple Regression/Correlation Analysis for the Behavioral Sciences. New York: Taylor & Francis, 2003.

[74] Coleman, J. S. Social Capital in the Creation of Human Capital. American Journal of Sociology, 1988, 94 (1): S95-S120.

[75] Courtright, S. H., McCormick, B. W., Mistry, S., & Wang, J. Quality Charters or Quality Members? A Control Theory Perspective on Team Charters and Team Performance. Journal of Applied Psychology, 2017, 102 (10): 1462-1470.

[76] Cronin, M. A., Weingart, L. R., & Todorova, G. Dynamics in Groups: Are We There Yet? Academy of Management Annals, 2011, 5 (1): 571-612.

[77] Dane, E. Reconsidering the Trade-off Between Expertise and Flexibility: A Cognitive Entrenchment Perspective. Academy of Management Review, 2010, 35 (4): 579-603.

[78] Dansereau, F., Yammarino, F. J., & Kohles, J. C. Multiple Levels of Analysis from a Longitudinal Perspective: Some Implications for Theory Building. Academy of Management Review, 1999, 24 (2): 346-357.

[79] Dawson, J. F. Moderation in Management Research:

What, Why, When, and How. Journal of Business and Psychology, 2014, 29 (1): 1-19.

[80] de Dreu, C. K., & Carnevale, P. J. Motivational Bases of Information Processing and Strategy in Conflict and Negotiation. Advances in Experimental Social Psychology, 2003, 35 (1): 235-291.

[81] de Dreu, C., Weingart, L. R., & Kwon, S. Influence of Social Motives on Integrative Negotiation: A Meta-Analytical Review and Test of Two Theories. Journal of Personality and Social Psychology, 2000, 78 (5): 889-905.

[82] de Jong, A., Song, M., & Song, L. Z. How Lead Founder Personality Affects New Venture Performance: The Mediating Role of Team Conflict. Journal of Management, 2013, 39 (7): 1825-1854.

[83] de Jong, B. A., & Elfring, T. How Does Trust Affect the Performance of Ongoing Teams? The Mediating Role of Reflexivity, Monitoring, and Effort. Academy of Management Journal, 2010, 53 (3): 535-549.

[84] de Vries, T. A., Walter, F., van der Vegt, G. S., & Essens, P. Antecedents of Individuals' Interteam Coordination: Broad Functional Experiences as a Mixed Blessing. Academy of Management Journal, 2014, 57 (5): 1334-1359.

[85] de Wit, F. R., Greer, L. L., & Jehn, K. A. The Paradox of Intragroup Conflict: A Meta-Analysis. Journal of Applied Psychology, 2012, 97 (2): 360-390.

[86] DeChurch, L. A., & Mesmer-Magnus, J. R. The Cognitive Underpinnings of Effective Teamwork: A Meta-Analysis. Journal of Applied Psychology, 2010, 95 (1): 32-53.

[87] DeGeest, D. S., de Vries, T. A., & van der Vegt,

G. The Duality of Boundary Spanning: Its Positive and Negative Effects on Team Effectiveness. 76th Annual Meeting of the Academy of Management, 2016.

[88] DeShon, R. P., Kozlowski, S. W., Schmidt, A. M., Milner, K. R., & Wiechmann, D. A Multiple-Goal, Multilevel Model of Feedback Effects on the Regulation of Individual and Team Performance. Journal of Applied Psychology, 2004, 89 (6): 1035-1056.

[89] Dey, C., & Ganesh, M. P. Team Boundary Activity: A Review and Directions for Future Research. Team Performance Management: An International Journal, 2017, 23 (5): 273-292.

[90] Dimotakis, N., Davison, R. B., & Hollenbeck, J. R. Team Structure and Regulatory Focus: The Impact of Regulatory Fit on Team Dynamic. Journal of Applied Psychology, 2012, 97 (2): 421-434.

[91] Dokko, G., Kane, A. A., & Tortoriello, M. One of Us or One of My Friends: How Social Identity and Tie Strength Shape the Creative Generativity of Boundary-Spanning Ties. Organization Studies, 2014, 35 (5): 703-726.

[92] Drach-Zahavy, A. Interorganizational Teams as Boundary Spanners: The Role of Team Diversity, Boundedness, and Extrateam Links. European Journal of Work and Organizational Psychology, 2011, 20 (1): 89-118.

[93] Drach-Zahavy, A., & Somech, A. From an Intrateam to an Interteam Perspective of Effectiveness: The Role of Interdependence and Boundary Activities. Small Group Research, 2010, 41 (2): 143-174.

[94] Edmondson, A. C. Speaking Up in the Operating Room: How Team Leaders Promote Learning in Interdisciplinary Action Teams. Journal of Management Studies, 2003, 40 (6): 1419-1452.

[95] Edmondson, A. Psychological Safety and Learning Behavior in Work Teams. Administrative Science Quarterly, 1999, 44 (2): 350-383.

[96] Eisenberger, R., & Aselage, J. Incremental Effects of Reward on Experienced Performance Pressure: Positive Outcomes for Intrinsic Interest and Creativity. Journal of Organizational Behavior, 2009, 30 (1): 95-117.

[97] Ellis, S., Carette, B., Anseel, F., & Lievens, F. Systematic Reflection: Implications for Learning from Failures and Successes. Current Directions in Psychological Science, 2014, 23 (1): 67-72.

[98] Enders, C. K., & Tofighi, D. Centering Predictor Variables in Cross-Sectional Multilevel Models: A New Look at an Old Issue. Psychological Methods, 2007, 12 (2): 121-138.

[99] Faraj, S., & Yan, A. Boundary Work in Knowledge Teams. Journal of Applied Psychology, 2009, 94 (3): 604-617.

[100] Fisher, D. M. Distinguishing Between Taskwork and Teamwork Planning in Teams: Relations with Coordination and Interpersonal Processes. Journal of Applied Psychology, 2014, 99 (3): 423-436.

[101] Fiske, S. T., & Taylor, S. E. Social Cognition: From Brains to Culture. London: SAGE, 2013.

[102] Forward, J., & Zander, A. Choice of Unattainable Group Goals and Effects on Performance. Organizational Behavior and Human Performance, 1971, 6 (2): 184-199.

[103] Frazier, M. L., Fainshmidt, S., Klinger, R. L., Pezeshkan, A., & Vracheva, V. Psychological Safety: A Meta-Analytic Review and Extension. Personnel Psychology, 2017, 70 (1): 113-165.

[104] Freeman, L. C. Centered Graphs and the Structure of Ego

Networks. Mathematical Social Sciences, 1982, 3 (3): 291 - 304.

[105] Friedman, R. A., & Podolny, J. Differentiation of Boundary Spanning Roles: Labor Negotiations and Implications for Role Conflict. Administrative Science Quarterly, 1992: 28 - 47.

[106] Gardner, H. K. Performance Pressure as a Double-Edged Sword: Enhancing Team Motivation but Undermining the Use of Team Knowledge. Administrative Science Quarterly, 2012, 57 (1): 1 - 46.

[107] Gavetti, G., Levinthal, D. A., & Rivkin, J. W. Strategy Making in Novel and Complex Worlds: The Power of Analogy. Strategic Management Journal, 2005, 26 (8): 691 - 712.

[108] George, J. M. Personality, Affect, and Behavior in Groups. Journal of Applied Psychology, 1990, 75 (2): 107 - 116.

[109] Gibson, C. B., & Dibble, R. Excess May Do Harm: Investigating the Effect of Team External Environment on External Activities in Teams. Organization Science, 2013, 24 (3): 697 - 715.

[110] Gittell, H. J. Coordinating Mechanisms in Care Provider Groups: Relational Coordination as a Mediator and Input Uncertainty as a Moderator of Performance Effects. Management Science, 2002, 48 (11): 1408 - 1426.

[111] Gittell, J. H. Organizing Work to Support Relational Co-Ordination. International Journal of Human Resource Management, 2000, 11 (3): 517 - 539.

[112] Gonzalez-Mulé, E., DeGeest, D. S., McCormick, B. W., Seong, J. Y., & Brown, K. G. Can we Get some Cooperation Around Here? The Mediating Role of Group Norms on the Relationship Between Team Personality and Individual Helping Behaviors. Journal of Applied Psychology, 2014, 99 (5): 988 - 999.

[113] Grant, A. M. Relational Job Design and the Motivation

to Make a Prosocial Difference. Academy of Management Review, 2007, 32 (2): 393-417.

[114] Grant, A. M. Does Intrinsic Motivation Fuel the Prosocial Fire? Motivational Synergy in Predicting Persistence, Performance, and Productivity. Journal of Applied Psychology, 2008, 93 (1): 48-58.

[115] Greer, L. L., de Jong, B. A., Schouten, M. E., & Dannals, J. E. Why and When Hierarchy Impacts Team Effectiveness: A Meta-Analytic Integration. Journal of Applied Psychology, 2018, 103 (6): 591-613.

[116] Grégoire, D. A., Barr, P. S., & Shepherd, D. A. Cognitive Processes of Opportunity Recognition: The Role of Structural Alignment. Organization Science, 2010, 21 (2): 413-431.

[117] Grosser, T. J., Park, S., Mathieu, J. E., & Roebuck, A. A. Network Thinking in Teams Research. Daniel J. Brass, & Stephen P. Borgatti. Social Networks at Work. New York: Routledge, 2019

[118] Gruenfeld, D. H., Martorana, P. V., & Fan, E. T. What Do Groups Learn From their Worldliest Members? Direct and Indirect Influence in Dynamic Teams. Organizational Behavior and Human Decision Processes, 2000, 82 (1): 45-59.

[119] Gurtner, A., Tschan, F., Semmer, N. K., & Nägele, C. Getting Groups to Develop Good Strategies: Effects of Reflexivity Interventions on Team Process, Team Performance, and Shared Mental Models. Organizational Behavior and Human Decision Processes, 2007, 102 (2): 127-142.

[120] Gutnick, D., Walter, F., Nijstad, B. A., & de Dreu, C. K. Creative Performance Under Pressure: An Integrative Conceptual Framework. Organizational Psychology Review, 2012, 2 (3): 189-207.

[121] Haas, M. R. The Double-Edged Swords of Autonomy and External Knowledge: Analyzing Team Effectiveness in a Multinational Organization. Academy of Management Journal, 2010, 53 (5): 989-1008.

[122] Haas, M. R., & Ham, W. Microfoundations of Knowledge Recombination: Peripheral Knowledge and Breakthrough Innovation in Teams. Giovanni Gavetti, & William Ocasio. Cognition and Strategy (Advances in Strategic Management, Volume 32). Bingley: Emerald Group Publishing Limited, 2015: 47-87.

[123] Hackman, J. R., & Morris, C. G. Group Tasks, Group Interaction Process, and Group Performance Effectiveness: A Review and Proposed Integration. Advances in Experimental Social Psychology, 1975, 8 (1): 45-99.

[124] Halbesleben, J. R., Bowler, W. M., Bolino, M. C., & Turnley, W. H. Organizational Concern, Prosocial Values, Or Impression Management? How Supervisors Attribute Motives to Organizational Citizenship Behavior. Journal of Applied Social Psychology, 2010, 40 (6): 1450-1489.

[125] Han, J., Han, J., & Brass, D. J. Human Capital Diversity in the Creation of Social Capital for Team Creativity. Journal of Organizational Behavior, 2014, 35 (1): 54-71.

[126] Hansen, M. T. The Search-Transfer Problem: The Role of Weak Ties in Sharing Knowledge Across Organization Subunits. Administrative Science Quarterly, 1999, 44 (1): 82-111.

[127] Hansen, M. T. Knowledge Networks: Explaining Effective Knowledge Sharing in Multiunit Companies. Organization Science, 2002, 13 (3): 232-248.

[128] Hansen, M. T., Mors, M. L., & Løvås, B. Knowledge Sharing in Organizations: Multiple Networks, Multiple Pha-

ses. Academy of Management Journal, 2005, 48 (5): 776 - 793.

[129] Harvey, J., Bresman, H. M., & Edmondson, A. C. Team Learning Capabilities: A Meso Model of Sustained Innovation and Firm Performance. Academy of Management Proceedings, 2018, 2018 (1): 1 - 43.

[130] Heavey, C., & Simsek, Z. Transactive Memory Systems and Firm Performance: An Upper Echelons Perspective. Organization Science, 2015, 26 (4): 941 - 959.

[131] Henderson, R., & Cockburn, I. Measuring Competence? Exploring Firm Effects in Pharmaceutical Research. Strategic Management Journal, 1994, 15 (S1): 63 - 84.

[132] Henttonen, K. Exploring Social Networks on the Team Level: A Review of the Empirical Literature. Journal of Engineering and Technology Management, 2010, 27 (1 - 2): 74 - 109.

[133] Hirst, G. Effects of Membership Change on Open Discussion and Team Performance: The Moderating Role of Team Tenure. European Journal of Work and Organizational Psychology, 2009, 18 (2): 231 - 249.

[134] Hirst, G., & Mann, L. A Model of R&D Leadership and Team Communication: The Relationship with Project Performance. R & D Management, 2004, 34 (2): 147 - 160.

[135] Hoch, J. E., & Kozlowski, S. W. J. Leading Virtual Teams: Hierarchical Leadership, Structural Supports, and Shared Team Leadership. Journal of Applied Psychology, 2014, 99 (3): 390 - 403.

[136] Hofmann, D. A., & Gavin, M. B. Centering Decisions in Hierarchical Linear Models: Implications for Research in Organizations. Journal of Management, 1998, 24 (5): 623 - 641.

[137] Hogg, M. A., & Terry, D. I. Social Identity and Self-

Categorization Processes in Organizational Contexts. Academy of Management Review, 2000, 25 (1): 121 - 140.

[138] Hollenbeck, J. R., Beersma, B., & Schouten, M. E. Beyond Team Types and Taxonomies: A Dimensional Scaling Conceptualization for Team Description. Academy of Management Review, 2012, 37 (1): 82 - 106.

[139] Horwitz, S. K., & Horwitz, I. B. The Effects of Team Diversity on Team Outcomes: A Meta-Analytic Review of Team Demography. Journal of Management, 2007, 33 (6): 987 - 1015.

[140] Hu, J., & Judge, T. A. Leader-Team Complementarity: Exploring the Interactive Effects of Leader Personality Traits and Team Power Distance Values on Team Processes and Performance. Journal of Applied Psychology, 2017, 102 (6): 935 - 955.

[141] Humphrey, S. E., & Aime, F. Team Microdynamics: Toward an Organizing Approach to Teamwork. The Academy of Management Annals, 2014, 8 (1): 443 - 503.

[142] Ilgen, D. R., Hollenbeck, J. R., Johnson, M., & Jundt, D. Teams in Organizations: From Input-Process-Output Models to IMOI Models. Annual Review of Psychology, 2005, 56 (1): 517 - 543.

[143] James, L., Demaree, R., & Wolf, G. Estimating Within-Group Interrater Reliability with and without Response Bias. Journal of Applied Psychology, 1984, 69 (1): 85 - 98.

[144] Jia, H., Zhong, R., & Xie, X. Helping Others Makes Me Fit Better: Effects of Helping Behavior by Newcomers and Coworker-Attributed Motives on Newcomers′ Adjustment. Journal of Business and Psychology, 2020, online first: 1 - 16.

[145] Johlke, M. C., Stamper, C. L., & Shoemaker, M. E. Antecedents to Boundary-Spanner Perceived Organizational Sup-

port. Journal of Managerial Psychology, 2002, 17 (2): 116 - 128.

[146] Johnston, W. A., & Briggs, G. E. Team Performance as a Function of Team Arrangement and Work Load. Journal of Applied Psychology, 1968, 52 (2): 89 - 94.

[147] Joshi, A., Pandey, N., & Han, G. H. Bracketing Team Boundary Spanning: An Examination of Task-Based, Team-Level, and Contextual Antecedents. Journal of Organizational Behavior, 2009, 30 (6): 731 - 759.

[148] Joshi, A., & Knight, A. P. Who Defers to Whom and Why? Dual Pathways Linking Demographic Differences and Dyadic Deference to Team Effectiveness. Academy of Management Journal, 2015, 58 (1): 59 - 84.

[149] Kane, A. A., Argote, L., & Levine, J. M. Knowledge Transfer Between Groups Via Personnel Rotation: Effects of Social Identity and Knowledge Quality. Organizational Behavior and Human Decision Processes, 2005, 96 (1): 56 - 71.

[150] Kane, A. A., & Rink, F. Personnel Movement as a Mechanism for Learning in Organizations and Teams. Linda Argote, & John M. Levine. The Oxford Handbook of Group and Organizational Learning. Oxford: Oxford University Press, 2017.

[151] Kanfer, R., & Ackerman, P. L. Motivation and Cognitive Abilities: An Integrative/Aptitude-Treatment Interaction Approach to Skill Acquisition. Journal of Applied Psychology, 1989, 74 (4): 657 - 690.

[152] Katz, N., Lazer, D., Arrow, H., & Contractor, N. Network Theory and Small Groups. Small Group Research, 2004, 35 (3): 307 - 332.

[153] Katz, N., Lazer, D., Arrow, H., & Contractor, N. The Network Perspective on Small Groups. Marshall Scott Poole, &

Andrea B. Hollingshead. Theories of Small Groups: Interdisciplinary Perspectives. Thousand Oaks, CA: Sage, 2005: 277-312.

[154] Katz, R., & Tushman, M. Communication Patterns, Project Performance, and Task Characteristics: An Empirical Evaluation and Integration in an R&D Setting. Organizational Behavior and Human Performance, 1979, 23 (2): 139-162.

[155] Kenny, D. A. Interpersonal Perception: A Social Relations Analysis. New York: Guilford Press, 1994.

[156] Kenny, D. A., Kashy, D. A., & Cook, W. L. Dyadic Data Analysis. New York: Guilford Press, 2006.

[157] Kilduff, M., & Lee, J. W. The Integration of People and Networks. Annual Review of Organizational Psychology and Organizational Behavior, 2020, 7 (1): 155-179.

[158] Kim, S. L., Kim, M., & Yun, S. Knowledge Sharing, Abusive Supervision, and Support: A Social Exchange Perspective. Group & Organization Management, 2015, 40 (5): 599-624.

[159] Kimball, D. R., & Holyoak, K. J. Transfer and Expertise. Endel Tulving, & Fergus I. M. Craik. The Oxford Handbook of Memory. New York: Oxford University Press, 2000: 109-122.

[160] Klein, K. J., & House, R. J. On Fire: Charismatic Leadership and Levels of Analysis. The Leadership Quarterly, 1995, 6 (2): 183-198.

[161] Knight, A. P., & Humphrey, S. E. Dyadic Data Analysis. Stephen E. Humphrey, & James M. LeBreton. The Handbook of Multilevel Theory, Measurement, and Analysis. Washington, DC: American Psychological Association, 2019: 423-447.

[162] Konradt, U., Otte, K., Schippers, M. C., & Steenfatt, C. Reflexivity in Teams: A Review and New Perspectives. The Journal of Psychology, 2016, 150 (2): 153-174.

[163] Kozlowski, S. W. J., Chao, G. T., Grand, J. A., Braun, M. T., & Kuljanin, G. Advancing Multilevel Research Design: Capturing the Dynamics of Emergence. Organizational Research Methods, 2013, 16 (4): 581-615.

[164] Kozlowski, S. W. Enhancing the Effectiveness of Work Groups and Teams: A Reflection. Perspectives on Psychological Science, 2018, 13 (2): 205-212.

[165] Kozlowski, S. W., & Bell, B. S. Work Groups and Teams in Organizations. I. Weiner, N. W. Schmitt, & S. Highhouse. Handbook of Psychology. New York: Wiley, 2012: 412-469.

[166] Krackhardt, D., & Stern, R. N. Informal Networks and Organizational Crises: An Experimental Simulation. Social Psychology Quarterly, 1988, 51 (2): 123-140.

[167] Kreiner, G. E., Hollensbe, E. C., & Sheep, M. L. On the Edge of Identity: Boundary Dynamics at the Interface of Individual and Organizational Identities. Human Relations, 2006, 59 (10): 1315-1341.

[168] Labianca, G., Brass, D. J., & Gray, B. Social Networks and Perceptions of Intergroup Conflict: The Role of Negative Relationships and Third Parties. Academy of Management Journal, 1998, 41 (1): 55-67.

[169] Lam, C. K., van der Vegt, G. S., Walter, F., & Huang, X. Harming High Performers: A Social Comparison Perspective on Interpersonal Harming in Work Teams. Journal of Applied Psychology, 2011, 96 (3): 588-601.

[170] Lanaj, K., & Hollenbeck, J. R. Leadership Over-Emergence in Self-Managing Teams: The Role of Gender and Countervailing Biases. Academy of Management Journal, 2015, 58 (5): 1476-1494.

[171] Lau, D. C., & Murnighan, J. K. Demographic Diversity

and Faultlines: The Compositional Dynamics of Organizational Groups. Academy of Management Review, 1998, 23 (2): 325-340.

[172] Lau, D. C., & Murnighan, J. K. Interactions within Groups and Subgroups: The Effects of Demographic Faultlines. Academy of Management Journal, 2005, 48 (4): 645-659.

[173] Lebreton, J. M., Burgess, J. R., Kaiser, R. B., Atchley, E. K., & James, L. R. The Restriction of Variance Hypothesis and Interrater Reliability and Agreement: Are Ratings from Multiple Sources Really Dissimilar? Organizational Research Methods, 2003, 6 (1): 80-128.

[174] Lee, S. H. M., Qureshi, I., Konrad, A. M., & Bhardwaj, A. Proactive Personality Heterophily and the Moderating Role of Proactive Personality on Network Centrality and Psychological Outcomes: A Longitudinal Study. Journal of Business and Psychology, 2014, 29 (3): 381-395.

[175] Leicht-Deobald, U., Backmann, J., de Vries, T. A., Weiss, M., Hohmann, S., Walter, F. H., & van der Vegt, G. S. How Team Boundary Spanning is Most Effective. 80th Annual Meeting of the Academy of Management, 2020.

[176] LePine, J. A., Piccolo, R. F., Jackson, C. L., Mathieu, J. E., & Saul, J. R. A Meta-Analysis of Teamwork Processes: Tests of a Multidimensional Model and Relationships with Team Effectiveness Criteria. Personnel Psychology, 2008, 61 (2): 273-307.

[177] Levin, D. Z., & Cross, R. The Strength of Weak Ties You Can Trust: The Mediating Role of Trust in Effective Knowledge Transfer. Management Science, 2004, 50 (11): 1477-1490.

[178] Levine, J. M., Moreland, R. L., & Ryan, C. S. Group Socialization and Intergroup Relations. C. Sedikides, J. Schopler, & C. A. Insko. Intergroup cognition and intergroup behavior. Mahwah:

Lawrence Erlbaum Associates Publishers，1998：283－308.

［179］Levine，J. M.，& Moreland，R. L. A History of Small Group Research. A. W. Kruglanski，& W. Stroebe. Handbook of The History of Social Psychology. New York：Psychology Press，2012：383－405.

［180］Lewis，K.，Belliveau，M.，Herndon，B.，& Keller，J. Group Cognition，Membership Change，and Performance：Investigating the Benefits and Detriments of Collective Knowledge. Organizational Behavior and Human Decision Processes，2007，103（2）：159－178.

［181］Liang，J.，Shu，R.，& Farh，C. I. C. Differential Implications of Team Member Promotive and Prohibitive Voice on Innovation Performance in Research and Development Project Teams：A Dialectic Perspective. Journal of Organizational Behavior，2019，40（1）：91－104.

［182］Liu，S.，Schuler，R. S.，& Zhang，P. External Learning Activities and Employee Creativity in Chinese R&D Teams. Cross Cultural Management：An International Journal，2013，20（3）：429－448.

［183］Liu，W.，Tangirala，S.，Lam，W.，Chen，Z.，Jia，R. T.，& Huang，X. How and When Peers′ Positive Mood Influences Employees′ Voice. Journal of Applied Psychology，2015，100（3）：976－989.

［184］Lomi，A.，Lusher，D.，Pattison，P. E.，& Robins，G. The Focused Organization of Advice Relations：A Study in Boundary Crossing. Organization Science，2014，25（2）：438－457.

［185］Mäkelä，K.，& Brewster，C. Interunit Interaction Contexts，Interpersonal Social Capital，and the Differing Levels of Knowledge Sharing. Human Resource Management，2009，48（4）：

591－613.

［186］ Malone, T. W. Modeling Coordination in Organizations and Markets. Management Science, 1987, 33 (10): 1317－1332.

［187］ Maloney, M. M., Bresman, H., Zellmer-Bruhn, M. E., & Beaver, G. R. Contextualization and Context Theorizing in Teams Research: A Look Back and a Path Forward. Academy of Management Annals, 2016, 10 (1): 891－942.

［188］ Manev, I. M., & Stevenson, W. B. Balancing Ties: Boundary Spanning and Influence in the Organization's Extended Network of Communication. The Journal of Business Communication, 2001, 38 (2): 183－205.

［189］ Mannor, M. J., Matta, F. K., Block, E. S., Steinbach, A. L., & Davis, J. H. A Liability of Breadth? The Conflicting Influences of Experiential Breadth on Perceptions of Founding Teams. Journal of Management, 2017, 45 (4): 1540－1568.

［190］ Mannucci, P. V., & Yong, K. The Differential Impact of Knowledge Depth and Knowledge Breadth on Creativity Over Individual Careers. Academy of Management Journal, 2018, 61 (5): 1741－1763.

［191］ Marks, M. A., Mathieu, J. E., & Zaccaro, S. J. A Temporally Based Framework and Taxonomy of Team Processes. Academy of Management Review, 2001, 26 (3): 356－376.

［192］ Marrone, J. A. Cutting Across Team Boundaries: Antecedents and Implications of Individual Boundary Spanning Behavior within Consulting Teams. 博士学位论文, University of Maryland, 2004.

［193］ Marrone, J. A. Team Boundary Spanning: A Multilevel Review of Past Research and Proposals for the Future. Journal of Management, 2010, 36 (4): 911－940.

［194］ Marrone, J. A., Tesluk, P. E., & Carson, J. B. A Multilevel Investigation of Antecedents and Consequences of Team Member Boundary-Spanning Behavior. Academy of Management Journal, 2007, 50 (6): 1423 - 1439.

[195] Marsden, P. V. Egocentric and Sociocentric Measures of Network Centrality. Social Networks, 2002, 24 (4): 407 - 422.

[196] Maruping, L. M., & Agarwal, R. Managing Team Interpersonal Processes through Technology: A Task-Technology Fit Perspective. Journal of Applied Psychology, 2004, 89 (6): 975 - 990.

[197] Mas, M., Flache, A., Takacs, K., & Jehn, K. A. In the Short Term We Divide, in the Long Term We Unite: Demographic Crisscrossing and the Effects of Faultlines On Subgroup Polarization. Organization Science, 2013, 24 (3): 716 - 736.

[198] Mathieu, J. E., Gallagher, P. T., Domingo, M. A., & Klock, E. A. Embracing Complexity: Reviewing the Past Decade of Team Effectiveness Research. Annual Review of Organizational Psychology and Organizational Behavior, 2019, 6 (1): 17 - 46.

[199] Mathieu, J. E., Heffner, T. S., Goodwin, G. F., Salas, E., & Cannon-Bowers, J. A. The Influence of Shared Mental Models on Team Process and Performance. Journal of Applied Psychology, 2000, 85 (2): 273 - 283.

[200] Mathieu, J. E., Hollenbeck, J. R., van Knippenberg, D., & Ilgen, D. R. A Century of Work Teams in the Journal of Applied Psychology. Journal of Applied Psychology, 2017, 102 (3): 452 - 467.

[201] Mathieu, J. E., Maynard, M. T., Taylor, S. R., Gilson, L. L., & Ruddy, T. M. An Examination of the Effects of Organizational District and Team Contexts on Team Processes and Performance: A Meso-Mediational Model. Journal of Organizational Behavior, 2007, 28 (7): 891 - 910.

[202] Mathieu, J. E., Tannenbaum, S. I., Donsbach, J. S., & Alliger, G. M. A Review and Integration of Team Composition Models: Moving Toward a Dynamic and Temporal Framework. Journal of Management, 2014, 40 (1): 130-160.

[203] Mathieu, J. E., Wolfson, M. A., & Park, S. The Evolution of Work Team Research Since Hawthorne. American Psychologist, 2018, 73 (4): 308-321.

[204] Mathieu, J. E., & Gilson, L. L. Criteria Issues and Team Effectiveness. Steve W. J. Kozlowski. The Oxford Handbook of Organizational Psychology. Oxford: Oxford University Press, 2012.

[205] Mathieu, J. E., & Rapp, T. L. Laying the Foundation for Successful Team Performance Trajectories: The Roles of Team Charters and Performance Strategies. Journal of Applied Psychology, 2009, 94 (1): 90-103.

[206] McGrath, J. E. Social Psychology: A Brief Introduction. New York: Holt, Rinehart and Winston, 1964.

[207] McGrath, J. E. Groups: Interaction and Performance. Englewood Cliffs, N. J.: Prentice-Hall, 1984.

[208] Meglino, B. M., & Korsgaard, A. Considering Rational Self-Interest as a Disposition: Organizational Implications of Other Orientation. Journal of Applied Psychology, 2004, 89 (6): 946-959.

[209] Mehra, A., & Schenkel, M. T. The Price Chameleons Pay: Self-Monitoring, Boundary Spanning and Role Conflict in the Workplace. British Journal of Management, 2008, 19 (2): 138-144.

[210] Mesmer-Magnus, J. R., & DeChurch, L. A. Information Sharing and Team Performance: A Meta-Analysis. Journal of Applied Psychology, 2009, 94 (2): 535-546.

[211] Meyer, B., Glenz, A., Antino, M., Rico, R., & Gonzalez-Roma, V. Faultlines and Subgroups: A Meta-Review and Meas-

urement Guide. Small Group Research, 2014, 45 (6): 633-670.

[212] Meyer, B., & Glenz, A. Team Faultline Measures: A Computational Comparison and a New Approach to Multiple Subgroups. Organizational Research Methods, 2013, 16 (3): 393-424.

[213] Mitchell, M. S., Baer, M. D., Ambrose, M. L., Folger, R., & Palmer, N. F. Cheating Under Pressure: A Self-Protection Model of Workplace Cheating Behavior. Journal of Applied Psychology, 2018, 103 (1): 54-73.

[214] Mitchell, M. S., Greenbaum, R. L., Vogel, R. M., Mawritz, M. B., & Keating, D. J. Can You Handle the Pressure? The Effect of Performance Pressure on Stress Appraisals, Self-Regulation, and Behavior. Academy of Management Journal, 2018, 62 (2): 531-552.

[215] Moon, H., Hollenbeck, J. R., Humphrey, S. E., Ilgen, D. R., West, B., Ellis, A. P., & Porter, C. O. Asymmetric Adaptability: Dynamic Team Structures as One-Way Streets. Academy of Management Journal, 2004, 47 (5): 681-695.

[216] Moon, H., Kamdar, D., Mayer, D. M., & Takeuchi, R. Me Or we? The Role of Personality and Justice as Other-Centered Antecedents to Innovative Citizenship Behaviors within Organizations. Journal of Applied Psychology, 2008, 93 (1): 84-94.

[217] Morrison, E. W. Newcomers' Relationships: The Role of Social Network Ties During Socialization. Academy of Management Journal, 2002, 45 (6), 1149-1160.

[218] Morrison, E. W., Wheeler-Smith, S. L., & Kamdar, D. Speaking Up in Groups: A Cross-Level Study of Group Voice Climate and Voice. Journal of Applied Psychology, 2011, 96 (1): 183-191.

[219] Morrow, P. C. Work Related Communication, Environmental Uncertainty, and Subunit Effectiveness: A Second Look at

the Information Processing Approach to Subunit Communication. Academy of Management Journal, 1981, 24 (4): 851-858.

[220] Muthén, L. K., & Muthén, B. O. Mplus User's Guide (Eighth Edition) . Los Angeles, CA: Muthén & Muthén, 2017.

[221] Nederveen Pieterse, A., van Knippenberg, D., & van Dierendonck, D. Cultural Diversity and Team Performance: The Role of Team Member Goal Orientation. Academy of Management Journal, 2013, 56 (3): 782-804.

[222] Nerstad, C. G. L., Searle, R., Černe, M., Dysvik, A., Škerlavaj, M., & Scherer, R. Perceived Mastery Climate, Felt Trust, and Knowledge Sharing. Journal of Organizational Behavior, 2018, 39 (4): 429-447.

[223] Nishii, L. H. The Benefits of Climate for Inclusion for Gender-Diverse Groups. Academy of Management Journal, 2013, 56 (6): 1754-1774.

[224] Oh, H., Chung, M., & Labianca, G. Group Social Capital and Group Effectiveness: The Role of Informal Socializing Ties. Academy of Management Journal, 2004, 47 (6): 860-875.

[225] Oh, H., Labianca, G., & Chung, M. A Multilevel Model of Group Social Capital. Academy of Management Review, 2006, 31 (3): 569-582.

[226] Park, S., Grosser, T. J., Roebuck, A. A., & Mathieu, J. E. Understanding Work Teams from a Network Perspective: A Review and Future Research Directions. Journal of Management, 2020, 46 (6): 1002-1028.

[227] Peltokorpi, V., & Hasu, M. Moderating Effects of Transformational Leadership Between External Team Learning and Research Team Performance Outcomes. R & D Management, 2015, 45 (3): 304-316.

[228] Perry-Smith, J. E. Social Network Ties Beyond Nonredundancy: An Experimental Investigation of the Effect of Knowledge Content and Tie Strength on Creativity. Journal of Applied Psychology, 2014, 99 (5): 831-846.

[229] Perry-Smith, J. E., & Mannucci, P. V. From Creativity to Innovation: The Social Network Drivers of the Four Phases of the Idea Journey. Academy of Management Review, 2017, 42 (1): 53-79.

[230] Perry-Smith, J. E., & Shalley, C. E. A Social Composition View of Team Creativity: The Role of Member Nationality-Heterogeneous Ties Outside of the Team. Organization Science, 2014, 25 (5): 1434-1452.

[231] Phelps, C., Heidl, R., & Wadhwa, A. Knowledge, Networks, and Knowledge Networks: A Review and Research Agenda. Journal of Management, 2012, 38 (4): 1115-1166.

[232] Podsakoff, P. M., MacKenzie, S. B., Lee, J., & Podsakoff, N. P. Common Method Biases in Behavioral Research: A Critical Review of the Literature and Recommended Remedies. Journal of Applied Psychology, 2003, 88 (5): 879-903.

[233] Preacher, K. J., & Selig, J. P. Advantages of Monte Carlo Confidence Intervals for Indirect Effects. Communication Methods and Measures, 2012, 6 (2): 77-98.

[234] Preacher, K., Zyphur, M., & Zhang, Z. A General Multilevel SEM Framework for Assessing Multilevel Mediation. Psychological Methods, 2010, 15 (3): 209-233.

[235] Rahim, M. A., & Magner, N. R. Confirmatory Factor Analysis of the Styles of Handling Interpersonal Conflict: First-Order Factor Model and its Invariance Across Groups. Journal of Applied Psychology, 1995, 80 (1): 122-132.

[236] Ramos-Villagrasa, P. J., Marques-Quinteiro, P., Na-

varro, J., & Rico, R. Teams as Complex Adaptive Systems: Reviewing 17 Years of Research. Small Group Research, 2018, 49 (2): 135-176.

[237] Rapp, T. L., Bachrach, D. G., Rapp, A. A., & Mullins, R. The Role of Team Goal Monitoring in the Curvilinear Relationship Between Team Efficacy and Team Performance. Journal of Applied Psychology, 2014, 99 (5): 976-987.

[238] Reagans, R., Zuckerman, E., & McEvily, B. How to Make the Team: Social Networks Vs. Demography as Criteria for Designing Effective Teams. Administrative Science Quarterly, 2004, 49 (1): 101-133.

[239] Reagans, R., & McEvily, B. Network Structure and Knowledge Transfer: The Effects of Cohesion and Range. Administrative Science Quarterly, 2003, 48 (2): 240-267.

[240] Reagans, R., & McEvily, B. Contradictory or Compatible? Reconsidering the "Trade-Off" Between Brokerage and Closure on Knowledge Sharing. Joel A. C. Baum, & Timothy J. Rowley. Network Strategy (Advances in Strategic Management, Volume 25). Bingley: Emerald Group Publishing Limited, 2008: 275-313.

[241] Reagans, R., & Zuckerman, E. W. Networks, Diversity, and Productivity: The Social Capital of Corporate R&D Teams. Organization Science, 2001, 12 (4): 502-517.

[242] Reinholt, M., Pedersen, T., & Foss, N. J. Why a Central Network Position Isn't Enough: The Role of Motivation and Ability for Knowledge Sharing in Employee Networks. Academy of Management Journal, 2011, 54 (6): 1277-1297.

[243] Richter, A. W., West, M. A., Van Dick, R., & Dawson, J. F. Boundary Spanners' Identification, Intergroup Contact, and Effective Intergroup Relations. Academy of Management Jour-

nal, 2006, 49 (6): 1252-1269.

[244] Ridgeway, C. L. Status in Groups: The Importance of Motivation. American Sociological Review, 1982, 47 (1): 76-88.

[245] Rietzschel, E. F., Nijstad, B. A., & Stroebe, W. The Selection of Creative Ideas After Individual Idea Generation: Choosing Between Creativity and Impact. British Journal of Psychology, 2010, 101 (1): 47-68.

[246] Rink, F., Kane, A. A., Ellemers, N., & van der Vegt, G. Team Receptivity to Newcomers: Five Decades of Evidence and Future Research Themes. Academy of Management Annals, 2013, 7 (1): 247-293.

[247] Rink, F., Kane, A. A., Ellemers, N., & van der Vegt, G. Change in Organizational Work Teams. Eduardo Salas, Ramon Rico, & Jonathan Passmore. The Wiley Blackwell Handbook of The Psychology of Team Working and Collaborative Processes. Hoboken: Wiley-Blackwell, 2017: 177-194.

[248] Rink, F., & Ellemers, N. The Pernicious Effects of Unstable Work Group Membership: How Work Group Changes Undermine Unique Task Contributions and Newcomer Acceptance. Group Processes & Intergroup Relations, 2015, 18 (1): 6-23.

[249] Schilke, O. On the Contingent Value of Dynamic Capabilities for Competitive Advantage: The Nonlinear Moderating Effect of Environmental Dynamism. Strategic Management Journal, 2014, 35 (2): 179-203.

[250] Schippers, M. C., den Hartog, D. N., Koopman, P. L., & van Knippenberg, D. The Role of Transformational Leadership in Enhancing Team Reflexivity. Human Relations, 2008, 61 (11): 1593-1616.

[251] Schippers, M. C., den Hartog, D. N., Koopman, P.

L., & Wienk, J. A. Diversity and Team Outcomes: The Moderating Effects of Outcome Interdependence and Group Longevity and the Mediating Effect of Reflexivity. Journal of Organizational Behavior, 2003, 24 (6): 779 - 802.

[252] Schippers, M. C., den Hartog, D. N., & Koopman, P. L. Reflexivity in Teams: A Measure and Correlates. Applied Psychology, 2007, 56 (2): 189 - 211.

[253] Schippers, M. C., Edmondson, A. C., & West, M. A. Team Reflexivity as an Antidote to Team Information-Processing Failures. Small Group Research, 2014, 45 (6): 731 - 769.

[254] Schneider, S. C. Managing Boundaries in Organizations. Political Psychology, 1987, 8 (3): 379 - 393.

[255] Schönbrodt, F. D., Back, M. D., & Schmukle, S. C. TripleR: An R Package for Social Relations Analyses Based on Round-Robin Designs. Behavior Research Methods, 2012, 44 (2): 455 - 470.

[256] Seibert, S. E., Wang, G., & Courtright, S. H. Antecedents and Consequences of Psychological and Team Empowerment in Organizations: A Meta-Analytic Review. Journal of Applied Psychology, 2011, 96 (5): 981 - 1003.

[257] Shah, P. P., Dirks, K. T., & Chervany, N. The Multiple Pathways of High Performing Groups: The Interaction of Social Networks and Group Processes. Journal of Organizational Behavior, 2006, 27 (3): 299 - 317.

[258] Shaw, J. D., Duffy, M. K., Johnson, J. L., & Lockhart, D. E. Turnover, Social Capital Losses, and Performance. Academy of Management Journal, 2005, 48 (4): 594 - 606.

[259] Shin, Y. Positive Group Affect and Team Creativity: Mediation of Team Reflexivity and Promotion Focus. Small Group

Research, 2014, 45 (3): 337 - 364.

[260] Singh, P. V., Tan, Y., & Mookerjee, V. Network Effects: The Influence of Structural Capital on Open Source Project Success. MIS Quarterly, 2011: 813 - 829.

[261] Sitkin, S. B., See, K. E., Miller, C. C., Lawless, M. W., & Carton, A. M. The Paradox of Stretch Goals: Organizations in Pursuit of the Seemingly Impossible. Academy of Management Review, 2011, 36 (3): 544 - 566.

[262] Somech, A., & Khalaili, A. Team Boundary Activity: Its Mediating Role in the Relationship Between Structural Conditions and Team Innovation. Group & Organization Management, 2014, 39 (3): 274 - 299.

[263] Spoelma, T. M., & Ellis, A. P. Fuse or Fracture? Threat as a Moderator of the Effects of Diversity Faultlines in Teams. Journal of Applied Psychology, 2017, 102 (9): 1344 - 1359.

[264] Srikanth, K., Harvey, S., & Peterson, R. A Dynamic Perspective on Diverse Teams: Moving from the Dual-Process Model to a Dynamic Coordination-Based Model of Diverse Team Performance. Academy of Management Annals, 2016, 10 (1): 453 - 493.

[265] Stachowski, A. A., Kaplan, S. A., & Waller, M. J. The Benefits of Flexible Team Interaction During Crises. Journal of Applied Psychology, 2009, 94 (6): 1536 - 1543.

[266] Stewart, G. L., Courtright, S. H., & Barrick, M. R. Peer-Based Control in Self-Managing Teams: Linking Rational and Normative Influence with Individual and Group Performance. Journal of Applied Psychology, 2012, 97 (2): 435 - 447.

[267] Strobel, M., Tumasjan, A., Spoerrle, M., & Welpe, I. M. Fostering Employees' Proactive Strategic Engagement: Individual and Contextual Antecedents. Human Resource Management Jour-

nal，2017，27（1）：113－132.

[268] Swift，T. A.，& West，M. A. Reflexivity and Group Processes：Research and Practice. Sheffield：ESRC Centre for Organization and Innovation，1998.

[269] Tannenbaum，S. I.，& Cerasoli，C. P. Do Team and Individual Debriefs Enhance Performance? A Meta-Analysis. Human Factors，2013，55（1）：231－245.

[270] Teigland，R.，& Wasko，M. M. Integrating Knowledge through Information Trading：Examining the Relationship Between Boundary Spanning Communication and Individual Performance. Decision Sciences，2003，34（2）：261－286.

[271] Tesluk，P. E.，& Mathieu，J. E. Overcoming Roadblocks to Effectiveness：Incorporating Management of Performance Barriers into Models of Work Group Effectiveness. Journal of Applied Psychology，1999，84（2）：200－217.

[272] Thatcher，S. M. B.，& Patel，P. C. Group Faultlines：A Review，Integration，and Guide to Future Research. Journal of Management，2012，38（4）：969－1009.

[273] Thomas-Hunt，M. C.，& Phillips，K. W. When What You Know is Not Enough：Expertise and Gender Dynamics in Task Groups. Personality and Social Psychology Bulletin，2004，30（12）：1585－1598.

[274] Thompson，J. D. Organizations in Action：Social Science Bases of Administrative Theory. New York：McGraw-Hill，1967.

[275] Tims，M.，& Parker，S. K. How Coworkers Attribute，React to，and Shape Job Crafting. Organizational Psychology Review，2019，Online First.

[276] Tsai，W. Social Capital，Strategic Relatedness and the Formation of Intraorganizational Linkages. Strategic Management

Journal, 2000, 21 (9): 925 - 939.

[277] Tsai, W. Knowledge Transfer in Intraorganizational Networks: Effects of Network Position and Absorptive Capacity on Business Unit Innovation and Performance. Academy of Management Journal, 2001, 44 (5): 996 - 1004.

[278] Tsai, W. Social Structure of "Coopetition" within a Multiunit Organization: Coordination, Competition, and Intraorganizational Knowledge Sharing. Organization Science, 2002, 13 (2): 179 - 190.

[279] Tsai, W., & Ghoshal, S. Social Capital and Value Creation: The Role of Intrafirm Networks. Academy of Management Journal, 1998, 41 (4): 464 - 476.

[280] Tushman, M. L. Special Boundary Roles in the Innovation Process. Administrative Science Quarterly, 1977, 22 (4): 587 - 605.

[281] Tushman, M. L. Work Characteristics and Subunit Communication Structure: A Contingency Analysis. Administrative Science Quarterly, 1979, 24 (1): 82 - 98.

[282] Tushman, M. L., & Scanlan, T. J. Boundary Spanning Individuals: Their Role in Information Transfer and their Antecedents. Academy of Management Journal, 1981a, 24 (2): 289 - 305.

[283] Tushman, M. L., & Scanlan, T. J. Characteristics and External Orientations of Boundary Spanning Individuals. Academy of Management Journal, 1981b, 24 (1): 83 - 98.

[284] Uzzi, B. Social Structure and Competition in Interfirm Networks: The Paradox of Embeddedness. Administrative Science Quarterly, 1997, 42 (1): 35 - 67.

[285] van der Vegt, G. S., Bunderson, J. S., & Oosterhof, A. Expertness Diversity and Interpersonal Helping in Teams: Why those Who Need the Most Help End Up Getting the Least. Academy

of Management Journal, 2006, 49 (5): 877 - 893.

[286] van Dijk, H., Meyer, B., van Engen, M., & Loyd, D. L. Microdynamics in Diverse Teams: A Review and Integration of the Diversity and Stereotyping Literatures. Academy of Management Annals, 2017, 11 (1): 517 - 557.

[287] van Dijk, H., van Engen, M. L., & van Knippenberg, D. Defying Conventional Wisdom: A Meta-Analytical Examination of the Differences Between Demographic and Job-Related Diversity Relationships with Performance. Organizational Behavior and Human Decision Processes, 2012, 119 (1): 38 - 53.

[288] van Knippenberg, D. V. Intergroup Relations in Organizations. Michael A. West, Dean Tjosvold, & Ken G. Smith. International Handbook of Organizational Teamwork and Cooperative Working. Chichester, UK: Wiley, 2003: 381 - 400.

[289] van Knippenberg, D., de Dreu, C. K., & Homan, A. C. Work Group Diversity and Group Performance: An Integrative Model and Research Agenda. Journal of Applied Psychology, 2004, 89 (6): 1008 - 1022.

[290] van Knippenberg, D., & Mell, J. N. Past, Present, and Potential Future of Team Diversity Research: From Compositional Diversity to Emergent Diversity. Organizational Behavior and Human Decision Processes, 2016, 136: 135 - 145.

[291] van Wijk, R., Jansen, J. J., & Lyles, M. A. Inter-and Intra-Organizational Knowledge Transfer: A Meta-Analytic Review and Assessment of its Antecedents and Consequences. Journal of Management Studies, 2008, 45 (4): 830 - 853.

[292] Vashdi, D. R., Bamberger, P. A., & Erez, M. Can Surgical Teams Ever Learn? The Role of Coordination, Complexity, and Transitivity in Action Team Learning. Academy of Management

Journal, 2013, 56 (4): 945-971.

[293] Venkataramani, V., Green, S. G., & Schleicher, D. J. Well-Connected Leaders: The Impact of Leaders' Social Network Ties on LMX and Members' Work Attitudes. Journal of Applied Psychology, 2010, 95 (6): 1071-1084.

[294] Venkataramani, V., Richter, A. W., & Clarke, R. Creative Benefits from Well-Connected Leaders: Leader Social Network Ties as Facilitators of Employee Radical Creativity. Journal of Applied Psychology, 2014, 99 (5): 966-975.

[295] Villado, A. J., & Arthur Jr., W. The Comparative Effect of Subjective and Objective After-Action Reviews on Team Performance on a Complex Task. Journal of Applied Psychology, 2013, 98 (3): 514-528.

[296] Waller, M. J., Okhuysen, G. A., & Saghafian, M. Conceptualizing Emergent States: A Strategy to Advance the Study of Group Dynamics. Academy of Management Annals, 2016, 10 (1): 561-598.

[297] Wang, S., & Noe, R. A. Knowledge Sharing: A Review and Directions for Future Research. Human Resource Management Review, 2010, 20 (2): 115-131.

[298] Wasserman, S., & Faust, K. Social Network Analysis: Methods and Applications. New York: Cambridge University Press, 1994.

[299] Weingart, L. R. Impact of Group Goals, Task Component Complexity, Effort, and Planning on Group Performance. Journal of Applied Psychology, 1992, 77 (5): 682-693.

[300] West, M. Reflexivity, Revolution, and Innovation in Work Teams. M. Beyerlein, D. Johnson, & S. Beyerlein. Product Development Teams. Stamford: JAI Press, 2000: 1-29.

[301] Willer, R. Groups Reward Individual Sacrifice: The Status Solution to the Collective Action Problem. American Sociological Review, 2009, 74 (1): 23-43.

[302] Windeler, J. B., Chudoba, K. M., & Sundrup, R. Z. Getting Away from Them All: Managing Exhaustion from Social Interaction with Telework. Journal of Organizational Behavior, 2017, 38 (7): 977-995.

[303] Woehr, D. J., Loignon, A. C., Schmidt, P. B., Loughry, M. L., & Ohland, M. W. Justifying Aggregation with Consensus-Based Constructs: A Review and Examination of Cutoff Values for Common Aggregation Indices. Organizational Research Methods, 2015, 18 (4): 704-737.

[304] Wölfer, R., Faber, N. S., & Hewstone, M. Social Network Analysis in the Science of Groups: Cross-Sectional and Longitudinal Applications for Studying Intra-and Intergroup Behavior. Group Dynamics: Theory, Research, and Practice, 2015, 19 (1): 45-61.

[305] Wong, S. S. Task Knowledge Overlap and Knowledge Variety: The Role of Advice Network Structures and Impact on Group Effectiveness. Journal of Organizational Behavior, 2008, 29 (5): 591-614.

[306] Wood, R. E. Task Complexity: Definition of the Construct. Organizational Behavior and Human Decision Processes, 1986, 37 (1): 60-82.

[307] Woolley, A. W., Bear, J. B., Chang, J. W., & DeCostanza, A. H. The Effects of Team Strategic Orientation on Team Process and Information Search. Organizational Behavior and Human Decision Processes, 2013, 122 (2): 114-126.

[308] Yan, A., & Louis, M. R. The Migration of Organiza-

tional Functions to the Work Unit Level: Buffering, Spanning, and Bringing Up Boundaries. Human Relations, 1999, 52 (1): 25-47.

[309] Zaccaro, S. J., Marks, M. A., & DeChurch, L. A. Multiteam Systems: An Organization Form for Dynamic and Complex Environments. New York: Routledge, 2012.

[310] Zahavi, A., & Zahavi, A. The Handicap Principle: A Missing Piece of Darwin's Puzzle. Oxford: Oxford University Press, 1997.

[311] Zaheer, A., & Soda, G. Network Evolution: The Origins of Structural Holes. Administrative Science Quarterly, 2009, 54 (1): 1-31.

[312] Zenger, T. R., & Lawrence, B. S. Organizational Demography: The Differential Effects of Age and Tenure Distributions on Technical Communication. Academy of Management Journal, 1989, 32 (2): 353-376.

[313] Zou, X., & Ingram, P. Bonds and Boundaries: Network Structure, Organizational Boundaries, and Job Performance. Organizational Behavior and Human Decision Processes, 2013, 120 (1): 98-109.

附录 1
子研究一所用量表

认知需要（Wu，Parker，& de Jong，2014）；成员，时间点 1

1. 我在思考中获得快乐
2. 我喜欢处理需要深思熟虑的复杂问题
3. 完成需要新思路才能解决的任务对我来说是一种享受

主动性人格（Wu，Parker，& de Jong，2014）；成员，时间点 1

1. 不管可能性多大，我都会努力达成我所认定的事
2. 我通常会坚持自己的想法，即使和其他人的意见相左
3. 在工作和生活中，我善于发现机会
4. 没有什么能阻碍我去实现我认定的想法

边界跨越行为（Marrone，Tesluk，& Carson，2007）；领导，时间点 2

1．（下属姓名）关注了解公司和处室领导对于我们团队的最新指示与要求，确保我们的工作正确合理

2．（下属姓名）与团队外的人讨论他们失败的经历，以获得改进我们团队工作的方法

3．（下属姓名）向团队外相关方询问完成我们团队任务所需材料、工具的最新信息，确保我们的工作准确无误

4．（下属姓名）向团队外相关方询问交付我们团队工作的时间，地点的最新信息，确保衔接流畅

5．（下属姓名）向团队外相关方咨询当前机组运行采用的最新技术标准和参数，确保我们团队的操作安全合规

6．（下属姓名）打听了解那些执行类似任务的处室或团队的最新工作情况，确保我们团队的工作质量不落后于人

附录 2

子研究二所用量表

地位（Anderson，John，Keltner，& Kring，2001）；成员，轮转法，时间点 1

1.（同事姓名）在我们团队很受尊重

2.（同事姓名）在我们团队中做出了很有价值的贡献

3.（同事姓名）对团队决策的影响很大

成员 A 的团队边界跨越行为（Marrone，Tesluk，& Carson，2007）；成员，轮转法，时间点 1

1.（同事姓名）关注了解公司和处室领导对于我们团队的指示与要求，确保我们的工作正确合理

2.（同事姓名）向团队外相关方询问完成我们团队任务所需的资源以及交付工作的时间等信息，确保工作准确无误、衔接流畅

3. （同事姓名）向团队外相关方咨询当前机组运行采用的技术标准和参数，确保我们团队的操作安全合规

成员 B 的团队工作反思（Carter & West，1998）；成员，轮转法，时间点 2

1. 在与（同事姓名）的互动中，我回顾反思了工作的目标和方法

2. 经过与（同事姓名）的互动，我调整了工作的目标和方法以适应新的情况

3. 在和（同事姓名）互动时，我很容易产生以前从未有过的想法

团队效能（de Jong & Elfring，2010）；领导，时间点 2

1. 我们团队的工作效率很好

2. 我们团队的工作质量很高

3. 我们团队的总体工作表现很好

附录 3

子研究三所用量表

地位（Anderson, John, Keltner, & Kring, 2001）；成员，轮转法，时间点 1

1. （同事姓名）在我们团队很受尊重

2. （同事姓名）在我们团队中做出了很有价值的贡献

3. （同事姓名）对团队决策的影响很大

成员 A 的团队边界跨越行为（Marrone, Tesluk, & Carson, 2007）；成员，轮转法，时间点 1

1. （同事姓名）关注了解公司领导对于我们团队的指示与要求，确保我们的工作正确合理

2. （同事姓名）向团队外相关方询问完成我们团队任务所需的资源以及交付工作的时间等信息，确保工作准确无误、衔接流畅

3. （同事姓名）向团队外相关方学习宏观经

济、法律和政策信息，确保我们团队的工作合理合规

成员 B 的团队工作反思（Carter & West，1998）；成员，轮转法，时间点 2

1. 在与（同事姓名）的互动中，我回顾反思了工作的目标和方法

2. 经过与（同事姓名）的互动，我调整了工作的目标和方法以适应新的情况

3. 在和（同事姓名）互动时，我很容易产生以前从未有过的想法

成员 B 感知到成员 A 的亲团队动机（Grant，2008）；成员，轮转法，时间点 2

1. 我认为，（同事姓名）希望通过自己的工作使我们团队受益

2. 我认为，（同事姓名）希望通过自己的工作帮助我们团队

3. 我认为，（同事姓名）希望为我们团队带来积极的影响

4. 我认为，（同事姓名）重视通过自己的工作来帮助我们团队

团队绩效压力（Mitchell，Baer，Ambrose，Folger，& Palmer，2018）；成员，时间点 2

1. 我们团队的绩效压力很大

2. 我们都觉得要实现预期的绩效目标有很大的压力

3. 如果不能有良好的团队绩效，我们的“饭碗”将不保

4. 我们团队所处的氛围可以说是高度结果导向的

团队效能（de Jong & Elfring，2010）；领导，时间点 2

1. 我们团队的工作效率很好

2. 我们团队的工作质量很高

3. 我们团队的总体工作表现很好